Transzendentale Meditation
mit Fragen und Antworten

Maharishi zu Füßen seines Meisters Shri Guru Dev, Brahmananda Saraswati Maharaj, Jagadguru Shankaracharya von Jyotir Math

His Holiness
Maharishi Mahesh Yogi

TRANSZENDENTALE MEDITATION

mit Fragen und Antworten
aus den Jahren 1960 und 1961

Alfa-Veda

Titel des englischen Originals:
His Holiness Maharishi Mahesh Yogi
Transcendental Meditation – with Questions and Answers

Erstmals gedruckt in 2000 Exemplaren in der Academy of Meditation,
Shankaracharya Nagar, Rishikesh (U.P.), Indien, 1967
Neu herausgegeben von der Maharishi Vedic University Press,
The Netherlands, 2011, editiert vom
Maharishi International Publications Department

Deutsch von Natalie Soondrum
Am Lektorat waren beteiligt: Doris Schmitt-Maisch,
Wolfgang Möckel, Ilona Pointner und Dr. Jens Petersen
Gesetzt in Linux Libertine 12 pt
1. Auflage der deutschen Ausgabe 2024
Alfa-Veda Verlag, Stendaler Straße 25 B, Oebisfelde, Germany
Druck: Libri Plureos GmbH, Friedensallee 273, 22763 Hamburg

alfa-veda.com
ISBN 978-3-98837-018-1

Inhalt

VORWORT ZUR ERSTEN AUSGABE

Dieses Buch besteht aus zwei Teilen. Der erste Teil ist ein Vortrag von Maharishi über Transzendentale Meditation. Der zweite Teil besteht aus Fragen von Zuhörern und Maharishis Antworten zu Vorträgen aus dem Zeitraum von März 1960 bis Mitte 1961, als Maharishi abendliche Vorträge in London hielt. Die Fragen und Antworten wurden in Rubriken nach Themen geordnet.

Rishikesh, Mai 1967
Die Herausgeber

Teil Eins

TRANSZENDENTALE MEDITATION

Was wir heute brauchen, ist ein Mittel, um die Qualitäten des Kopfes mit der Kraft des Herzens in Einklang zu bringen. Wenn man nur auf den Kopf hört und das Herz nicht beachtet, geht der Mensch nur fehl. Und das geschieht in der heutigen Welt ständig. Wohin führen all die Fortschritte in Wissenschaft und Technik und das rastlose Streben nach Wissen aller Art den Menschen?

In der Welt herrscht ein immer größeres Chaos, die Spannungen nehmen täglich zu, sowohl beim Einzelnen als auch im gesellschaftlichen Leben, in den nationalen Angelegenheiten und in den internationalen Beziehungen. Es gibt einen großen und dringenden Bedarf nach einer Lösung, die Harmonie im einzelnen Menschen wiederherstellt und ihm Frieden gibt; allein dieser innere Frieden ist es, der Weisheit und Freude hervorbringen kann.

Alles Wissen, alles endlose Sammeln von Fakten kann die wahren Bedürfnisse des Menschen nicht befriedigen, denn die tatsächlichen Bedürfnisse heißen Glück, Verständnis und Weisheit, und das sind keine unnützen und weltfremden Ambitionen, sondern das Geburtsrecht des Menschen.

Aus dem Himalaya habe ich eine Methode mitgebracht, die darauf ausgerichtet ist, sowohl den Kopf als auch das Herz des Menschen auf ein Niveau anzuheben, auf dem er seine höhere Natur erkennen und wertschätzen kann. Ich nenne meine Methode Transzendentale Meditation, aber in Wirklichkeit ist sie eine Technik der Selbsterforschung; sie ermöglicht es dem Menschen, in das Innerste seines Seins einzutauchen, wo sich die Essenz des Lebens, die Quelle aller Weisheit, aller Kreativität, allen Friedens und allen Glücks befindet. Es ist der Ort, den man das »Reich Gottes inwendig in uns« nennt.

Meditation ist nichts Neues. Auch deren Vorzüge sind nicht neu. Im Gegenteil, die Botschaft ist Jahrhunderte alt. Es ist die Botschaft von Buddha, von Christus und von Krischna. Sie besagt: Finde zuerst das innere Königreich, das himmlische Herz und du wirst ewige Freiheit erlangen – nicht in der Zukunft, nicht nach dem Tod, sondern jetzt und für immer.

Seit Jahrhunderten ist diese Art der Meditationstechnik in Vergessenheit geraten. Aus diesem Grund leidet der Mensch oder scheint zu leiden. Deshalb ist das Leiden so universell geworden, so sehr ein scheinbar unausweichlicher Teil des Lebens, dass selbst diejenigen, die die Menschen in das Himmelreich führen sollen, dazu übergegangen sind, die Notwendigkeit des Leidens zu predigen.

Leiden ist zu einer Tugend geworden, und der Mensch, der daran festhält, dass das Leben ein bitterer und leidvoller Kampf ist, wird für seine Besonnenheit und seinen klaren Realitätssinn gelobt! Das ist bedauerlicherweise unser heutiges Verständnis des Lebens.

Das Leben ist schön

Ich sage, das Leben ist Glückseligkeit. Im Grunde ist das Leben kein Kampf. Der Mensch wird nicht geboren, um zu leiden, sondern um sich freudvoll zu fühlen. Er wird mit Glückseligkeit, Bewusstsein, Weisheit und Kreativität geboren. Wenn die Blume des Lebens in einem Menschen erblüht ist, dann sind Bewusstsein, Weisheit und Kreativität in ihm allgegenwärtig. Wenn die inneren – die spirituellen – und die äußeren – die materiellen – Herrlichkeiten des Lebens bewusst in Einklang gebracht werden, dann ist das Leben vollständig und wird wirklich lebenswert.

Was ist mit dieser Aussage gemeint, dass das Leben im Grunde voller Freude ist, dass das Leben Glückseligkeit ist? Es ist vielleicht überraschend, das zu hören, angesichts des offensichtlichen Leidens überall um einen herum.

Die Orange ist süß. Das heißt, dass die wahre Substanz der Orange süß ist. Die Schale der Orange hingegen ist bitter im Geschmack. Aber obwohl die Schale bitter ist, wird die Orange dennoch als süße Frucht betrachtet, denn ihr Saft ist süß.

Wie die Orange besteht auch das Leben aus zwei Teilen oder Aspekten – einem inneren und einem äußeren. Der äußere ist der vorübergehende, sich ständig verändernde Aspekt. Der innere ist der ewige, sich niemals verändernde Aspekt. Dass der innere, sich nie verändernde Aspekt Glückseligkeit ist, ist eine Tatsache, die erfahren werden kann. Aus diesem Grund sage ich, dass das Leben glückselig ist, denn es ist der süße und glückselige Aspekt, der die letztendliche Wirklichkeit der Existenz ist, und nicht der bittere, sich unablässig wandelnde Aspekt.

Glück, Weisheit und Kreativität sind Merkmale des absoluten Zustands des Seins, der Reines Bewusstsein ist. Dieses absolute Glückseligkeitsbewusstsein ist die wahre Quelle des Menschen, und in seinem Leben muss es weder Dumpfheit noch Apathie geben, denn er ist aus Weisheit geboren. Nur so lange sich der Mensch dieser Quelle der Weisheit nicht bewusst oder von ihr getrennt ist, kann er sich in Unwissenheit und Verwirrung befinden. Unwissenheit ist auf die Unfähigkeit zurückzuführen, zur Urquelle der Weisheit zu gelangen, das ist alles.

Ein Mensch fröstelt in der Kälte auf der Veranda nur, weil er nicht im Genuss der Wärme seines Wohnzimmers ist. Es gibt keinen Grund für den Menschen, dumpf und unkreativ zu sein. Er verfügt über enorme Potenziale an Kreativität. Er ist geboren, um zu genießen, nicht um zu leiden. Der Mensch als Wesen, das sich durch die Evolution zur menschlichen Spezies weiterentwickelt hat, hat ein Nervensystem, das so weit entwickelt ist, dass er den Zustand reinen Glückseligkeitsbewusstseins erfahren kann.

Das Nervensystem von Lebewesen in niedrigeren Schichten der Schöpfung, wie das von Vögeln und Tieren, deren Nervensystem nicht so hoch entwickelt ist, besitzt nicht diese Fähigkeit, sich großen Glücks zu erfreuen. Aber das Nervensystem des Menschen ist hinreichend ausgebildet. Er ist in der Lage, Freude und Bewusstsein in ihrer ganzen Fülle zu erfahren. Deshalb wagen wir zu sagen: Leben ist Glückseligkeit und der Mensch ist geboren, um zu genießen.

Wie alle Dinge ihren Ursprung im Absoluten Glückseligkeitsbewusstsein haben

Täglich erfahren in der Welt viele unglückliche Menschen Elend und Schmerz. Es gibt auch Glück, aber der Zustand, der zu Recht als glückselig beschrieben werden kann, ist ein Glück höherer Ordnung. Es ist dauerhaft und beständig und hat nicht die vergängliche Qualität des gewöhnlichen Glücks.

Dass gewöhnliches Glück vergänglicher Natur ist, wird keinem intelligenten Menschen entgangen sein; wir hoffen unablässig, dass unsere zuletzt erlebte glückliche Phase anhält, aber das tut sie nie. Diese traurige Tatsache ist uns so vertraut, dass es uns schwerfällt zu glauben, dass es so etwas wie unveränderliches Glück überhaupt geben kann.

Es ist aber möglich, und es gibt dieses Glück auch. In diesem Kontext sind neuere wissenschaftliche Erkenntnisse sehr interessant. Die Wissenschaft hat herausgefunden, dass alle Materie aus Elektronen und Protonen besteht, und dass diese Elektronen und Protonen wiederum einfach aus elektrischer Ladung bestehen.

Diese grundlegende Entdeckung führt zur unausweichlichen Schlussfolgerung, dass die letztendliche Wirklichkeit eines Blattes oder einer Blume nichts anderes ist als formlose Elektrizität, formlose Energie. So unterschiedlich die Formen, Gestalten, Muster und Farben auch erscheinen mögen, die wir wahrnehmen, es macht nicht den geringsten Unterschied, denn hinter allen Manifestationen, aller Vielfalt liegt die letzte Wirklichkeit der Materie – formlos, undifferenziert, immateriell. So wie Eis, obwohl wir es als Eis wahrnehmen, nur aus Wasser besteht, so bestehen alle Formen und Phänomene aus grundlegender formloser Energie.

Die Auswirkungen dieser Entdeckung sind in der wissenschaftlichen Welt erst langsam spürbar, aber es ist bereits allgemein anerkannt, dass sich die Wissenschaft nicht länger auf die Erforschung materieller Dinge beschränken kann, sondern mit der Untersuchung der Eigenschaften reiner Energie beginnen muss, wenn sie überhaupt vorankommen will.

Durch dieses Eingeständnis jedoch erkennt die Wissenschaft die Tatsache an, dass Materie nicht die Gesamtheit aller Existenz ist.

Wie lässt sich das auf die Frage nach persönlichem, individuellem Glück übertragen? Wir haben einen Körper, der materiell ist, aber wir haben auch einen Geist, einen Intellekt, ein Ego, eine Seele. Keines dieser Merkmale ist materieller Natur in dem Sinne wie der Körper. Tatsächlich kann die Existenz des Individuums in zwei Aspekte unterteilt werden – den Körper, der objektiver Natur ist, sowie Geist, Ego und Intellekt, die subjektiver

Natur sind. Leider gibt es keine verlässlichen experimentellen Methoden zur Untersuchung der subjektiven Aspekte unserer Existenz, um herauszufinden, woraus Geist, Intellekt und Ego bestehen.

Wenn es sie gäbe, würden wir feststellen, dass auch sie aus der ultimativen formlosen Energie stammen. Diese Energie ist in der Tat die grundlegende Realität der subjektiven Existenz, ebenso wie die der objektiven Schöpfung. Dieselbe ursprüngliche Energie manifestiert sich als materielles Fleisch und Blut ebenso wie als Eigenschaften des Intellekts, des Geistes und des Egos. Dieser einen zugrunde liegenden Energie entstammen alle Variationen und Kombinationen der Schöpfung im ganzen Universum.

Also gibt es nur eine Wirklichkeit, die sich nie ändert. Alles, was sich verändert, ist Teil des Feldes der Relativität, und aller Wandel findet im Feld der Relativität statt. Die letzte Wirklichkeit der Relativität ist absolut. Ihre wesentliche Natur ist absolutes Glückseligkeitsbewusstsein – und *DAS allein ist, Ich bin DAS und du bist DAS.* Das ist die eine Wirklichkeit, die allen subjektiven und objektiven Aspekten des Lebens zugrunde liegt.

Die Einteilung in subjektive und objektive Aspekte kann auch auf die Persönlichkeit angewendet werden. Die subjektive Persönlichkeit ist diejenige, die erlebt – das Erlebende, Erfahrende in uns. Das Erfahrende ist zusammengesetzt aus dem Atemprinzip, den Sinnen, dem Geist, dem Intellekt, dem Ego und auch der Seele, aber diese fällt in eine besondere Kategorie, da sie jenseits sowohl subjektiver als auch objektiver Aspekte liegt. Alle Aspekte sind dem Wandel unterworfen – die objektive Persönlichkeit verändert sich ständig, weil der Zustand des

Körpers nie stabil ist. Ebenso befinden sich Geist, Intellekt und Ego in einem ständigen Wandel. Aber an der Wurzel dieser sich ständig verändernden Größen liegt das unwandelbare Prinzip des Lebens, das „Ich bin", das die Wirklichkeit des Lebens ist und das wir die Seele nennen.

Die Natur der Seele hat Christus mit den Worten »Himmelreich« oder auch »Reich Gottes« beschrieben, in welchem »Ich und der Vater eins sind«. Damit ist eine Ebene gemeint, die keine Dualität kennt. Sie transzendiert alle Felder der Natur, sowohl subjektive als auch objektive. Das ist das Feld des Absoluten. Es ist der Zustand des Seins, der Zustand Reinen Seins, die Transzendentale Wirklichkeit. Ihre Natur ist Glückseligkeit, das Glück höchster Ordnung. Weil diese Glückseligkeit die letztendliche Wirklichkeit ist, ist sie folglich allgegenwärtig und der wesentliche Bestandteil aller Dinge.

Wenn Wasser als die eigentliche Realität von Eis betrachtet wird, dann ist Wasser der wesentliche Bestandteil von Eis – jeder Eiskristall ist nichts anderes als Wasser. Absolutes Glückseligkeitsbewusstsein ist das, was die gesamte Existenz durchdringt und sich in unzähligen verschiedenen Graden und Aspekten zeigt.

Es ist eine abstrakte Formlosigkeit, die sich auf unzählige Arten manifestiert, um zu allen Namen und Formen, zu allen Phasen subjektiver und objektiver Persönlichkeiten des Menschen zu werden. Hier ist es das Ego, dort der Intellekt, dort wiederum der Geist, der Atem, der Körper, dort sind es die Sinne, die Gefühle, die Erde, die Steine und die Bäume. Unser gesamter Kosmos ist nichts anderes als die verschiedenen Grade der Manifestation eines einzigen unveränderlichen Prinzips.

Die Abwesenheit dauerhaften Glücks als normale Erfahrung

Wenn absolutes Glückseligkeitsbewusstsein universell und allgegenwärtig ist, wie kann es dann sein, dass wir es nicht spüren? Hier liegt ein Paradox vor.

Selbst wenn es uns gelingt, die Tatsache der Allgegenwart des Glückseligkeitsbewusstseins verstandesmäßig zu akzeptieren, so schlägt uns doch im täglichen Leben vornehmlich Dumpfheit, Apathie und sogar Elend entgegen – wenn schon nicht in uns selbst, dann in den anderen. Was ist also die Wahrheit?

Die Wahrheit ist: Wenn wir davon ausgehen, dass absolutes Glückseligkeitsbewusstsein die grundlegende Wirklichkeit und der Bestandteil allen Lebens ist, dann ist jede unserer Erfahrungen, die beklagenswert ist oder in irgendeinem Maße dem Leiden nahe kommt, die Erfahrung der Nicht-Realität. Wir leben dann nicht in dem Wissen um und in der Wertschätzung von Glückseligkeitsbewusstsein, das charakteristisch ist für unser fundamentales Sein. Etwas ist schiefgelaufen mit dem Mechanismus, der unsere Fähigkeit zur Erfahrung steuert.

Es gibt zwei Zustände der letzten Wirklichkeit. Dies sind der unmanifeste und der manifeste Zustand. Der unmanifeste Zustand ist *Aṇoraṇīyān*, das Atom der Atome oder das Winzigste des Winzigen. In diesem unmanifesten Zustand ist das wesentliche Merkmal das absolute Glückseligkeitsbewusstsein, aber in seinem manifesten Zustand bleibt das absolute Glückseligkeitsbewusstsein latent, während andere Eigenschaften als Teil der Manifestation erscheinen. Auf die gleiche Weise wird die Eigenschaft des Wassers, flüssig zu sein, verborgen, wenn das

Wasser in Eis umgewandelt wird. In seiner wesentlichen Natur ist Wasser jedoch flüssig und durchsichtig, aber wenn es zu Eis wird, ist es fest und trüb. Die Festigkeit und Opaleszenz des Eises stehen in der Tat im Widerspruch zur Flüssigkeit und Transparenz des Wassers. Die veränderten Merkmale unterscheiden sich vom Original je nach Intensität der Veränderung. Dampf, Wolke, Dunst, Schnee und Eis sind einige Zustände des Wassers; Wasser selbst ist flüssig, aber seine Metamorphose kann vom festen zum gasförmigen Zustand variieren.

Dies hilft, die Existenz von Elend inmitten der Allgegenwart der Glückseligkeit zu erklären. Wenn das Unmanifestierte manifest wird, bleiben seine Eigenschaften des *Sat-Chit-Ānanda*, des absoluten Glückseligkeitsbewusstseins, latent und geben Merkmalen Raum, die denen des *Sat-Chit-Ānanda* entgegengesetzt sind. Auf diese Weise werden die unveränderliche absolute Existenz und die absolute Glückseligkeit, die für das unmanifeste Sein charakteristisch sind, zur sich ständig ändernden relativen Existenz und zur relativen Freude des manifestierten Universums.

Unser Organ der Erfahrung, der Geist, macht Erfahrungen durch die Sinne. Unser Erfahrungsmechanismus ist nur in der Lage, den grobstofflichen Aspekt der letzten Wirklichkeit zu erfahren, und versagt darin, subtilere Aspekte ihrer wesentlichen Natur wahrzunehmen. Wir wissen, dass die Sinne ihre festen Grenzen haben. Wenn eine Pflanze groß ist, können wir sie mit bloßem Auge sehen, aber wenn die Pflanze sehr klein ist, können wir sie nicht sehen und benötigen ein Mikroskop. Auf die gleiche Weise können unsere Ohren die lauten, aber nicht die leisesten Geräusche hören, und unsere Nase kann nur den starken Geruch wahrnehmen und nicht den sehr feinen.

Nur weil unsere Sinne auf die Wahrnehmung natürlicher Phänomene in ihren gröberen Aspekten beschränkt sind, heißt das nicht, dass es keine subtileren Aspekte gibt. Darüber hinaus sind unsere Sinne nicht nur auf die grobe Wahrnehmung beschränkt, sondern sie sind mit der groben Wahrnehmung auch immerzu beschäftigt. Die subtileren Aspekte der Natur sind wie verdeckt, weil unsere Wahrnehmungsmechanismen durch den lang anhaltenden groben Gebrauch selbst grob geworden sind. Der Wissenschaftler hat nun gelernt, die Reichweite seiner Sinne durch den Einsatz von Instrumenten wie Mikroskop oder Teleskop zu erweitern. Dadurch wird sein Wahrnehmungsbereich enorm erweitert und er ist in der Lage, weitaus subtilere Bereiche der Schöpfung zu untersuchen. Aber wie groß diese Erweiterung auch sein mag, es gibt immer noch Feinheiten, die außerhalb des Bereichs seiner Wahrnehmung liegen – sogar außerhalb des Spektrums eines Elektronenmikroskops und eines Radioteleskops.

Die subtilen Felder der Natur liegen jenseits unserer gegenwärtigen Erfahrungsfähigkeit. Unser Leben verbringen wir mit der Erkenntnis der groben Aspekte der Schöpfung, und die Herrlichkeit der feinen Aspekte entgeht uns, weil wir nicht die Gewohnheit oder Fähigkeit haben, sie wahrzunehmen. Da jedoch stärkere Kraft und größere Schönheit in den subtileren Bereichen der Schöpfung zu finden sind, würden wir große Freude und großen Nutzen aus der Wahrnehmung dieser Bereiche ziehen, wenn wir diese nur erreichen könnten. Die Kraft eines Steins, der auf einen Menschen geschleudert wird, ist begrenzt. Aber die Kraft der Atome des Steins, würde sie denn freigesetzt, ist nahezu grenzenlos. Das nur als Beispiel, wie viel mehr Kraft und Potenzial in den subtilen Bereichen der

Natur verborgen sind. Auch sind die subtilen Aspekte der Natur, der gesamten Schöpfung, unendlich schöner, faszinierender und bezaubernder, als die groben Aspekte es jemals sein können. Aber während wir uns darauf beschränken, nur die groben Aspekte mithilfe der Sinne zu erfahren, schränken wir unsere Lebensfreude ein.

Der gesamte Bereich des Lebens ist ein materieller Bereich, aber seine Materialität ist abgestuft und reicht vom Gröbsten bis zum Subtilsten. Indem wir nur die objektive Schöpfung durch die Aktivität der Sinne wahrnehmen, ist unsere Erfahrung ausschließlich nach außen gerichtet. Was wir nicht verstehen ist, dass der Geist irgendwo auf halber Strecke zwischen dem Groben und dem Subtilen liegt, zwischen den beiden Extremen des vollständig Manifestierten und des völlig Unmanifestierten. Und dass der Geist, indem er nach außen gerichtet ist, zwangsläufig den inneren, subtileren Bereichen der Natur den Rücken zukehrt.

Gäbe es eine Möglichkeit, den Geist nach innen zu wenden, würde er ohne jeden Zweifel darauf ansprechen, denn er würde feststellen, dass er so größeres Glück und größere Freude erfährt. Es ist die natürliche Tendenz des Geistes, immerzu Frieden und Glück zu suchen. Während er nach außen gerichtet ist, kann sich der Geist nur ruhelos von einem Aspekt des relativen Feldes der Schöpfung zum nächsten bewegen. Wenn er aber einmal nach innen gerichtet ist, vermag ihn seine natürliche, angeborene Veranlagung, sich auf das Feld größeren Glücks zuzubewegen, mühelos durch die subtilen zu den subtilsten und herrlichsten Aspekten der manifesten Schöpfung zu tragen – und schließlich sogar darüber hinaus, hin zum unmanifesten transzendentalen Glückseligkeitsbewusstsein.

Warum leidet der Mensch?

Der Geist eines jeden Menschen möchte genießen, wissen, mehr erschaffen. Gäbe es ein Feld voller Kreativität, Glück, Frieden und Weisheit, wäre das das Feld, wonach der Geist suchen würde. Nichts im Bereich des Relativen kann den Geist dauerhaft zufriedenstellen, da dem Bereich der Relativität das Element des Absoluten, des Unveränderlichen, fehlt. Und es ist dieses unveränderliche Element, der Sitz dauerhaften Glücks, zu dem der Geist ständig zurückzukehren sucht.

Der Mensch strebt immer nach mehr Glück, größerer Weisheit und größerer Kreativität. Das sind legitime und natürliche Bestrebungen, ohne die der Mensch aufhören würde, Mensch zu sein. Der Mensch leidet und ist unglücklich – nicht wegen seiner legitimen Hoffnungen und Sehnsüchte, sondern aufgrund seiner Unfähigkeit, sie zu erfüllen.

Es gibt Theorien, die behaupten, dass es die Sehnsüchte sind, die das Leid des Menschen verursachen, und dass er, wenn er Glück sucht, seine Wünsche ausrotten und zerstören sollte. Ich aber bin der Meinung, dass es die Unfähigkeit ist, die Sehnsucht zu erfüllen, und dass es nicht die Wünsche und Hoffnungen sind, die Elend und Frustration des Menschen verursachen.

Der Mensch würde offensichtlich zufrieden werden und bleiben, wenn er nur die Unfähigkeit, glücklich, weise und kreativ zu sein, überwinden könnte.

Aber Glück, Weisheit und Kreativität dürfen nicht im Feld der Relativität gesucht werden, denn was auch immer dort zu finden ist, egal wie groß das relative Glück oder der relative Grad an Weisheit ist, es kann den ruhelosen Geist nicht befriedigen.

Selbst das größte Glück kann nicht von Dauer sein, wenn es im Feld der Relativität wurzelt und durch Zeit und Raum begrenzt ist, Aufgrund der Natur der manifesten Welt müssen alle Dinge in ihr vergänglich sein und sich ständig verändern. Nur im Bereich des Unmanifesten, des Absoluten, kann der Geist dauerhafte Zufriedenheit finden, die ihm Frieden schenkt.

Das Heilmittel gegen das Leiden

In Wirklichkeit gibt es für den Menschen keinen Grund zu leiden. So wie es für einen Fisch keinen Grund gibt, in einem Teich voller Wasser durstig zu sein. Es ist absurd, dass ein Fisch in einem Teich voller Wasser Durst leiden sollte. Und wenn sich herausstellt, dass sich ein Fisch in solch einer Situation befindet, dann ist die logische Folgerung, dass er sich selbst dafür entschieden hat, durstig zu sein. Es muss sich um einen selbstgewählten Zustand handeln, denn der Fisch muss lediglich sein Maul öffnen und trinken.

Wenn das absolute Glückseligkeitsbewusstsein allgegenwärtig ist, gibt es für den Menschen keinen Grund, im Leben zu leiden. Der Mensch, Sohn des allmächtigen, barmherzigen Vaters, schwimmt im Glückseligkeitsbewusstsein wie der Fisch im Wasser und dürstet dennoch nach Glück!

Das ist genauso absurd, als würde man den Sohn eines Millionärs arm und in zerrissener Kleidung vorfinden. Würden wir einen Millionärssohn in einem solchen Zustand auffinden, würden wir annehmen, er hätte sich das selbst so ausgesucht – vielleicht, um zur Abwechslung etwas anderes zu erleben, nämlich in Lumpen herumzulaufen.

Wenn der Mensch leidet, dann liegt das nur daran, dass er die Realität des Lebens nicht annimmt und die Herrlichkeit, das

Glück und die Weisheit nicht genießt, die ihm ewig zugänglich sind. Der Mensch kann dem Schmerz und dem Leid nicht entrinnen, es sei denn, er erreicht das Feld des Absoluten, indem er das Himmelreich in seinem Inneren findet und seine eigentliche Natur erkennt. Das nennt man Selbstverwirklichung.

Der Pfad zur Verwirklichung des Selbst ist einfach, und der Weg ist leicht, denn die Verwirklichung des Selbst ist lediglich die Verwirklichung des eigenen Seins, das keinerlei Entfernung zu einem selbst hat und immer verfügbar ist. Der Weg zum »Ich« hat keine Entfernung; es ist ein pfadloser Pfad. Bei dem Versuch, sich selbst zu finden, gibt es keine vorstellbare Distanz. Man muss einfach »sein« und schon ist das Selbst gefunden. Und wenn es keine Entfernung gibt, kann es auf dem Weg auch keine Schwierigkeiten geben. Ohne einen Weg, ohne Pfad und ohne Hindernisse und Schwierigkeiten findet man das Selbst in sich selbst.

Der essenzielle Bestandteil von allem findet sich überall, im Erfahrenden und im Objekt der Erfahrung. Die wesentliche Natur des Erfahrenden ist das, was das Selbst des Erfahrenden genannt wird. Die Verwirklichung des eigenen Selbst, das von ihm weder getrennt noch entfernt noch verschieden ist, ist das Geburtsrecht jedes Menschen und der Zustand, in dem er sein Leben ganz natürlich und ohne Anstrengung verbringen sollte.

Jeder kann sagen »Ich bin«. Niemand kann sagen »Ich bin nicht«. Was auch immer Gegenteiliges gesagt oder empfunden werden mag, die Zeit, die notwendig ist, um das eigene Selbst zu verwirklichen, ist nicht lang, noch ist die Entfernung weit. Wer hat noch nicht erlebt, dass ein Mensch seine Brille sucht, die er verloren glaubt, obwohl er sie die ganze Zeit auf seiner Nase hat? Die Suche nach Verwirklichung erfolgt durch die allgegenwärtige Brille des Selbst. Alles, was der Mensch mit der „verlorenen" Brille tun muss, ist, sich der Brille vor seinen Augen bewusst zu werden, und seine Suche ist beendet.

Das Göttliche in uns ist nicht verloren. Es muss nicht gesucht oder von irgendwoher zurückgebracht werden. Es ist weder im siebten noch in irgendeinem anderen Himmel, und um uns dessen bewusst zu werden, müssen wir nicht sterben.

Seit jeher wurde von Lehrern aller Zeitalter und Religionen wiederholt: »Das Himmelreich oder Reich Gottes ist im Inneren«, und damit ist gemeint, was der Satz zum Ausdruck bringt – es bedeutet nicht, dass sich das Reich Gottes im Außen befindet oder unerreichbar ist oder jenseits des Todes liegt.

Der Pfad zum Reich Gottes, dem Selbst, dem subtilsten Aspekt menschlicher Natur, wird der pfadlose Pfad genannt, weil es zwischen dem Erfahrenden und dem Selbst keine Distanz gibt.

Dennoch wird endlos über die unterschiedlichen Wege und Methoden der Verwirklichung geredet und geschrieben! Die Wahrheit ist, dass jede Art der Erfahrung im Menschen als Pfad zur Verwirklichung genutzt werden kann. Die Fähigkeit der Erfahrung variiert unendlich von Mensch zu Mensch, lässt sich jedoch in fünf Kategorien einteilen, die sich von den fünf Sinnen ableiten: Hören, Sehen, Schmecken, Tasten, Riechen.

Bei manchen Menschen ist der Geschmackssinn besser entwickelt, bei anderen ist der Hör-, Tast- oder Geruchssinn ausgeprägter. Durch jedes dieser Erfahrungsorgane könnte die grundlegende Natur des Erfahrenden verwirklicht werden. Folglich könnte es ebenso viele Arten der Erfahrung der göttlichen Natur geben, wie es Möglichkeiten gibt, die Erscheinungsformen des erschaffenen Universums wahrzunehmen.

Der Ausdruck »pfadloser Pfad« mag paradox erscheinen, aber er hat tatsächlich eine präzise Bedeutung, die auf andere Weise nur schwer auszudrücken ist.

Nehmen wir z. B. den Vorgang des Betrachtens einer Blume: Der Vorgang der Erfahrung sowohl der inneren als auch der äußeren Welt beginnt immer im Inneren und er endet auch immer im Inneren. Wenn der Geist seine Aufmerksamkeit auf eine Blume richtet und sie wahrgenommen wird, beginnt die Wahrnehmung der Blume im Inneren und endet im Inneren – die Reise endet dort, wo sie begann. Auf dieser Reise werden wir dem pfadlosen Pfad der Verwirklichung des Selbst gefolgt sein.

Dies ist die eine, höchste Wahrheit über alle Pfade der Verwirklichung: Es gibt keinen Pfad, jeder dieser Pfade beginnt und endet am selben Punkt.

Obwohl der Pfad zur Verwirklichung ein pfadloser Pfad ist, obwohl die Einheit auf natürliche Weise vorherrscht, hat die Vielfalt die Einheit verdeckt und verborgen, sodass der pfadlose Pfad von langen Pfaden verdeckt ist. Wenn die Einheit durch Vielfalt verdeckt wird, wird der pfadlose Pfad zu einem endlosen Pfad.

Wenn wir sagen, die Einheit wird durch die Vielfalt verdeckt, meinen wir damit, dass sich der Punkt ausgedehnt hat. Und wenn sich der Punkt der Einheit zu Punkten der Vielfalt ausdehnt, dann dehnt sich der pfadlose Pfad zu einem langen Pfad aus. Es gibt viele Institutionen, die von diesem langen Pfad sprechen, aber den Pfad ewig zu beschreiten und nicht am Ziel anzukommen, verfälscht den Zweck eines Pfades. Wenn er diesem endlosen Pfad folgt, entfernt sich der Erfahrende immer mehr von der Realität. Dies ist der einzige Grund für alles Elend.

Was ist Transzendentale Meditation?

Transzendentale Meditation ist ein Vorgang, der den Geist zur Verwirklichung des Selbst führt, ein Vorgang, durch den der pfadlose Pfad für den Einzelnen Wirklichkeit werden kann. Meditation führt den Geist zunächst zu den feineren Aspekten der Schöpfung, dann zu den feinsten und schließlich über die feinsten Aspekte hinaus zur ungeteilten Herrlichkeit der transzendentalen Quelle des Geistes. Es ist eine praktische Methode, nicht die äußere Form eines Objekts zu würdigen, sondern seine tief verborgenen feineren Aspekte, einschließlich seines letzten eigentlichen Seins.

Diese Methode unterscheidet sich grundlegend von der Konzentration. Während die Konzentration den Geist auf die äußere Form eines Objekts fokussiert, ist Transzendentale Meditation ein dynamischer Vorgang, bei dem das verwendete Objekt genutzt wird, um den Geist nach innen zu seiner Quelle zu führen.

Ebenso wenig kann die Transzendentale Meditation mit Kontemplation verglichen werden. Kontemplation ist ein Prozess, bei dem man z. B. bestimmte Schriftstellen aufgreift und über deren Bedeutung nachdenkt. Kontemplation ist wie das Schwimmen an der Oberfläche eines Teiches, bis man die gesamte Oberfläche überblickt und sich Kenntnisse über ihre gesamte Ausdehnung angeeignet hat.

Transzendentale Meditation dagegen ist wie das Eintauchen in die Tiefen des Teiches. Auf diese Weise führt die Meditation den Geist in die Tiefen des Ozeans des Geistes. Sie ist ein Weg vom Menschen zu Gott, eine Verbindung zwischen dem Menschlichen und dem Göttlichen.

Es ist ein Pfad zwischen Unvollkommenheit und Perfektion, zwischen Misserfolg und Erfolg, zwischen Sorge und Seelenfrieden, zwischen Krankheit und Gesundheit, zwischen Unwissenheit und Weisheit.

Der Vorgang der Transzendentalen Meditation

Die Art und Weise, wie die Transzendentale Meditation den Geist vom Groben hin zum Subtilen führt, ist sehr einfach und basiert auf der angeborenen Tendenz des menschlichen Geistes, nach Glück zu streben. Es liegt in der eigentlichen Natur des Geistes, sich zu einem Bereich größeren Glücks zu begeben. Das Glück, von dem hier die Rede ist, ist weder Vergnügen noch sinnliche Befriedigung noch Aufregung, sondern ein ruhiger und zuversichtlicher Zustand des Wissens – des Wissens um das »Ich bin«, des Wissens, dass das »Ich« existiert und dass es dauerhaft und unveränderlich ist.

Nehmen wir einmal mehr das Beispiel einer Blume. Wenn wir sie aus der Nähe betrachten, erscheint sie uns groß. Wenn wir sie langsam von uns wegbewegen, wird sie kleiner und kleiner, bis sie nur noch ein Punkt ist, der nicht mehr als Blume erkennbar ist. Zu guter Letzt verschwindet sie völlig aus unserem Blickfeld. Wenn wir in diesem Augenblick unsere Augen schließen würden, könnten wir die Blume immer noch als geistiges Bild vor unserem inneren Auge wahrnehmen. Wir wären in der Lage, die Blume »zu denken«.

Könnten wir den Gedanken an die Blume dann auf subtilere Ebenen reduzieren, würden wir den Gedanken in seinen subtileren Zuständen erleben. Am Ende würde sich der Gedanke an die Blume auf einen bloßen Punkt des Denkens reduzieren. Wenn der Gedanke an die Blume so auf den subtilsten Zustand –

den bloßen Punktgedanken – reduziert wird, dann bleibt der Denker in uns, der Erfahrende, immer noch vorhanden, solange es diesen Punktgedanken gibt. Wenn das Objekt der Erfahrung auf seinen subtilsten Punkt reduziert wird und wenn dieser Punktzustand des Denkens transzendiert wird, dann hört das Objekt auf zu sein und die Subjekt-Objekt-Beziehung verschwindet.

In einem solchen Zustand bleibt nur das Subjekt – der Erfahrende – in seinem eigenen Sein. Dies ist der Zustand reinen, unmanifesten Bewusstseins, dessen Natur absolute Glückseligkeit ist und das das Reservoir aller kreativen Energie und Weisheit ist.

Der Zustand ist absolut, weil der Geist über den feinsten Aspekt der Schöpfung hinausgegangen ist, was den Eintritt in einen Zustand reinen Seins bedeutet. Dieser wird als das Himmelreich, das Reich Gottes oder *Sat-Chit-Ānanda*, das absolute Glückseligkeitsbewusstsein, beschrieben.

Wenn der Geist zwischen geringerer und größerer Zufriedenheit wählen kann, wird er sich für die größere entscheiden. Der Frieden des absoluten Glückseligkeitsbewusstseins ist derart beglückend, dass sich damit keine manifestierten Glückserfahrungen oder Sinnesempfindungen vergleichen lassen, und der Geist erkennt dies auch ohne Erfahrung oder Übung.

Aus diesem Grund ist der Vorgang der Transzendentalen Meditation mühelos, denn er folgt der natürlichen Tendenz des Geistes. Und wenn dieser einmal nach innen gerichtet ist, hin zum Transzendentalen Bewusstsein, dem absoluten Glück, dann eilt der Geist ganz von selbst darauf zu. Aus diesem Grund ist dieses System der Meditation einfach.

Der wandernde Geist

Nur wenige Menschen würden leugnen, dass ihr Geist ruhelos ist und unablässig von einem Eindruck zum anderen wandert. Das ist so, obwohl das Umherwandern nicht der wahren Natur des Geistes entspricht. Es ist ein Fehler, den Geist als eine Art Affe zu betrachten, der lange Zeit kontrolliert oder trainiert werden muss, um ihn zum Stillsitzen zu bewegen.

Der Geist ist ein König der Könige, aber er ist ein König auf der Suche nach einem Thron, und er wandert immerzu umher bis hin zum Punkt der Erschöpfung und des Unbehagens, immer in der Hoffnung, einen angemessenen Sitz zu finden, den er in Frieden und Würde einnehmen kann. Wäre ein solcher Thron erst gefunden, würde der Geist aufhören zu wandern, weil er zufrieden wäre, und der Wunsch zu wandern wäre nicht mehr vorhanden.

Ruhelosigkeit ist zwar charakteristisch für unseren derzeitigen Geist, aber ermüdend. Sie entspricht nicht der Funktion, für die er von Natur aus gedacht ist. Ebenso wenig wie das Fliegen einer Biene die Funktion ist, für die sie bestimmt ist. Die Biene fliegt, um eine Blume mit Honig zu finden, und sie fliegt nur solange sie noch auf der Suche ist. So ist es auch mit dem Geist. Da er im relativen Bereich der Schöpfung nicht findet, was ihn zufriedenstellt, wandert er weiterhin ziellos umher, zu seinem eigenen Schaden und bis zur Erschöpfung, immer auf der Suche nach etwas Beständigem.

Konzentration ist nicht der Weg

Es gibt viele Systeme, die sich Meditation nennen und darauf abzielen, den Geist zu verfeinern, indem sie ihn auf die eine oder andere Weise unter Kontrolle bringen. Alle derartigen Versuche sind schwierig und langwierig, sind weit davon entfernt, etwas zu erreichen, und vermindern die Lebensqualität.

Weil diese Methoden geistiger Kontrolle so schwierig und ineffizient sind, hat sich die Vorstellung durchgesetzt, dass der Weg zu Gott schwierig sei. Das ist ein Trugschluss, der auf der Unkenntnis der Natur des Geistes beruht. Es ist ein großer Unterschied, ob man den Geist durch Konzentration in eine bestimmte Richtung lenkt, oder ob man ihn lenkt, indem man ihm erlaubt, seiner natürlichen Neigung zu folgen.

Wir wissen, dass es die natürliche Tendenz eines jeden Geistes ist, sich einem Bereich größeren Glücks zuzuwenden. Indem wir den Geist nach innen wenden, richten wir ihn auf einen Bereich absoluter Glückseligkeit, Kreativität und Weisheit. Auf diesem Prinzip beruht unser System der Transzendentalen Meditation, und folglich ist deren Ausübung nicht schwierig.

Der gesamte Vorgang ist geprägt von direkter Erfahrung. Die Reise ist ein wissenschaftlich präzises Unterfangen, bei dem die Gültigkeit des Prozesses bei jedem Schritt durch direkte Erfahrung auf die Probe gestellt wird.

Transzendentale Meditation ist eine intellektuell befriedigende Erkundung, bei der die ihr zugrunde liegende Weisheit durch das Ergebnis beleuchtet wird – auf jeder aufeinanderfolgenden Ebene einschließlich der ultimativen Stufe direkter Erfahrung des Zustands des absoluten Seins.

Analog könnte man sogar sagen, dass es sich um eine Erkundung des inneren Raums handelt, in dem das wahre Juwel des Lebens zu finden ist, und dass sein wissenschaftlicher Wert sowie sein Versprechen den Wert der Erkundung des äußeren Raums bei weitem übersteigen.

Es gibt drei Merkmale der letztendlichen Wirklichkeit: Zum einen gibt es das Merkmal der Glückseligkeit; und diese wahre Meditation ist das Mittel, um Gott durch diese Eigenschaft zu erreichen. Außerdem gibt es die Merkmale des Bewusstseins und der Absolutheit. Auch diese beiden bieten Wege zur Verwirklichung, aber diese Wege unterscheiden sich vom Weg der Transzendentalen Meditation.

Der Weg zur Verwirklichung durch das Absolutheits-Merkmal des Göttlichen

Das Absolute liegt jenseits der Relativität und ist ewig. Das Feld der Relativität ist flüchtig und ändert sich ständig, das Absolute hingegen ändert sich nie. Der Pfad der Verwirklichung durch dieses Merkmal ist der Pfad der Unterscheidung.

Ein *Sannyasī* ist jemand, der zurückgezogen lebt und der Welt entsagt hat. Der *Sannyasī* betrachtet die kurzlebige, flüchtige, vergängliche Natur der Welt und folgert, dass alles relativ ist außer der letztendlichen Wirklichkeit, die allein absolut ist. Die Festigung dieser Überzeugung nicht nur im Intellekt, sondern auch im Leben und in den Gefühlen, erfolgt in drei Schritten. Der erste Schritt besteht darin, »dem Meister zuzuhören«. In diesem Fall bestehen die Lehren des Meisters darin, die Sinnlosigkeit, Vergänglichkeit und Unwirklichkeit der geschaffenen Dinge zu erklären. Der zweite Schritt besteht darin, über die Beständigkeit der letztendlichen Wirklichkeit nachzudenken; der dritte besteht darin, die Frage zu stellen: »Wenn alles vergänglich ist, was ist dann die eigentliche Natur des Beständigen?« Die Schlussfolgerung, zu der der Pfad der Unterscheidung führt, kann in dem Satz ausgedrückt werden: »*Du bist DAS, und all dies ist nichts als DAS.*«

Die Annäherung an das Göttliche durch Unterscheidung und Analyse der Welt führt dazu, dass die Natur des *Sannyasī* zu einem wesentlichen Bestandteil der Göttlichen Natur wird. Wenn die Überzeugung von der Sinnlosigkeit und Vergänglichkeit der manifesten Schöpfung genügend gefestigt ist, wird der Geist des *Sannyasī* frei, um im »Ich bin« zu ruhen, wobei das »bin« sein eigenes Sein und ewig und unveränderlich ist.

Der Weg zur Verwirklichung durch das Bewusstseins-Merkmal des Göttlichen

Bewusstsein oder Bewusstheit eröffnet den nächsten Weg, sich der Göttlichen Natur zu nähern. Bewusstsein ist Weisheit und Kreativität in einem; es ist absolute Weisheit und absolute Kreativität. Weisheit kann man definieren als das, was uns das Ganze bewusst macht und keinen Aspekt unbekannt lässt. Mit dem Ganzen ist die wahre Natur des Unmanifesten gemeint, und das ist das Bewusstsein selbst. Bewusstsein ist eine Eigenschaft, die gelebt werden muss; wenn es vollständig gelebt wird, dann bleibt nichts von der manifesten Welt unbekannt. Auf dem Pfad zu Gott durch Bewusstsein wird Bewusstsein genutzt, um Selbst-Bewusstsein[1] oder Selbst-Bewusstheit aufrechtzuerhalten.

Wie lässt sich der Zustand der Selbst-Bewusstheit aufrechterhalten? Wir sehen eine Blume, und sie nimmt den Geist vollständig ein. Die Blume beansprucht den ganzen Geist. Beim Sehen der Blume bleibt also nur die Blume übrig und der Erfahrende geht verloren. Dies ist ein totaler Verlust des Selbst. Der Weg des Bewusstseins erfordert, dass sich der Erfahrende während der Erfahrung der Blume gleichzeitig seiner selbst

1 Transzendentales Bewusstsein

32

bewusst bleibt, damit die Identität des Erfahrenden nicht in der Erfahrung untergeht.

Die wesentliche Technik dieses Prozesses besteht darin, dass Bewusstheit gelebt wird. Der Geist sollte nicht in zwei Teile getrennt sein, wobei ein Teil die Blume sieht und der andere Teil sich getrennt damit beschäftigt, die Bewusstheit aufrechtzuerhalten. Das wäre falsch. Mit solch einer Spaltung des Geistes kann der wahre Zustand der Selbst-Bewusstheit nicht erreicht werden.

Das Erreichen des wahren Zustands der Selbst-Bewusstheit hängt tatsächlich von der Erfahrung Reinen Bewusstseins ab. Solange der Mensch Reines Bewusstsein noch nicht erfahren hat – wenn auch nur für kurze Zeit –, kann er nicht wissen, wonach er strebt. Bevor er Reines Bewusstsein – *Samādhi* – nicht erfahren hat, kann er nur die nutzlose Technik der Geistesspaltung ausüben, ungeachtet dessen, was er Gegenteiliges glauben oder sich vorstellen mag. Ohne die Erfahrung von *Samādhi* kann Selbst-Bewusstheit nur Selbst-Täuschung sein.

Wenn ein Mensch begonnen hat, wahre Selbst-Bewusstheit zu leben, und sei es auch nur in geringem Maße, hat er den Weg zu Gott durch Bewusstsein eingeschlagen. Dieser Weg wird zu Recht der Pfad des *Rāja-Yoga*, der königliche Weg zur Einheit, genannt.

Die Seele ist reines Bewusstsein. Sie ist der stille Zeuge aller Dinge, aller Aktivitäten des Egos und des Intellekts, aller Erfahrungen der Sinne. Ohne Aktivität ist sie ihrem Wesen nach Stille. Der Weg des *Rāja-Yoga* ist daher ein Prozess des Lebens, des Zentriertseins in der göttlichen und ewigen Stille.

Der Vorgang, in Selbst-Bewusstheit zu leben, muss natürlich und spontan sein. Es ist sehr wichtig, das zu verstehen. Er muss aus einem anfänglichen flüchtigen Eindruck des reinen Bewusstseins erwachsen sein. Illusorisches Selbst-Bewusstsein, das auf dem Vorgang der Teilung der Aufmerksamkeit beruht, nützt niemandem, sondern macht den Geist dumpf.

Wenn die Praxis, den Geist intellektuell zu teilen, längere Zeit fortgesetzt wird, neigt der Ausübende dazu, ein stumpfsinniger Mensch zu werden, der weder nach innen noch nach außen gerichtet ist. Mit der auf diese Weise abgestumpften Natur seines Geistes hat er weder in der Welt Erfolg noch wird die göttliche Natur für ihn Wirklichkeit. Stattdessen bleibt sie für ihn ein Hirngespinst, eine bloße geistige Wunschvorstellung.

Es gab da einen Professor in Südindien, der viele Bücher mit unvollkommenem Verständnis gelesen und sich daraus beigebracht hatte, Selbst-Bewusstheit durch die Spaltung des Geistes zu üben. Nach etwa sechs Monaten stellte er fest, dass er während des Unterrichts plötzlich ins Stocken geriet, weil der natürliche Fluss der Ideen stehenblieb. Ich fragte ihn: »Was ist das für ein Bewusstsein, das Sie Perfektion nennen, das aber Ihren Geist abstumpft? Der Geist sollte scharf und zielgerichtet sein, viel schärfer als die Spitze eines Schwertes, denn die Erfahrung des transzendentalen Zustands ist die Erfahrung der göttlichen Natur.«

Wenn Stumpfheit und geistige Abwesenheit das Ergebnis einer solchen Praxis sind, ist sicher, dass sie illusorisch und falsch ist. Die wahre Praxis des Selbst-Bewusstseins kann den Geist nicht abstumpfen lassen. Um die Fähigkeit des Selbst-Bewusstseins zu erlangen, muss ein Mensch zuerst die feinsten Bereiche der Schöpfung erfahren haben. Dazu muss seine Fähigkeit, Erfahrungen zu machen, in höchstem Maße entwickelt sein. Dann hat er seine vorhandenen Fähigkeiten nicht geschwächt, sondern geschärft und hat außerdem zusätzliche latente Fähigkeiten entwickelt.

Im Fall des Professors aus Südindien täuschte dieser sich selbst darüber, dass die Trübung des Geistes und die Vergesslichkeit Zeichen für die herannahende Verwirklichung seien, während sie in Wirklichkeit Zeichen für einen Realitätsverlust waren.

Die Frage des Vergessens ist interessant. Was geschieht, wenn wir scheinbar etwas vergessen? Wir vergessen nicht wirklich, weil nichts jemals unwiederbringlich vergessen wird. Es ist nur so, dass durch die abstumpfende Wirkung einer Übung oder einer falschen Handlung die Fähigkeit des Geistes, sich zu erinnern, beeinträchtigt wird. Wenn der innere Zustand des Seins in seiner ganzen Fülle gelebt wird, wird nichts vergessen.

Sobald die Verwirklichung des Selbst erreicht ist, sinken eintreffende Eindrücke nicht mehr in die Tiefe und verdrängen den Erfahrenden, sie verbleiben an der Oberfläche des Geistes, wo sie hingehören. Sie sind wie auf die Oberfläche des Wassers gezeichnete Linien, die in einem Augenblick vollständig sichtbar und im nächsten völlig unsichtbar sind.

Alternativ dazu kann das Eintreffen von Eindrücken im verwirklichten Geist mit den Reflexionen eines farbigen Objekts in einem Kristallspiegel verglichen werden. Während sie da sind, werden sie reflektiert, aber sobald sie entfernt werden, kehrt der Kristall zurück in seinen ruhigen Zustand reiner Farblosigkeit. Die Reinheit und Farblosigkeit des Geistes-Kristalls wird von der Erfahrung nicht länger eingefangen und gestört, wie es vor der Verwirklichung der Fall war.

Mit dem vollständigen und dauerhaften Erlangen der Selbst-Bewusstheit wird dieser Zustand Teil der Natur des Geistes und wird ununterbrochen rund um die Uhr gelebt. Das hindert den Geist nicht daran, die Erfahrungen der objektiven Welt zu schätzen, aber es verhindert, dass diese Erfahrungen einen unnötig tiefen und fortwährenden Einfluss auf den Geist haben.

Der Versuch, Bewusstheit durch intellektuelle Disziplin aufrechtzuerhalten, ist eine große Torheit. Bewusstheit ist nichts, was von außen beibehalten werden kann. Die Lehrer des *Rāja-Yoga* achten sehr darauf, ihre Schüler zu warnen, dass sie auf keinen Fall den Geist damit beschäftigen sollen, die Selbst-Bewusstheit aufrechtzuerhalten. Sie lehren, dass Selbst-Bewusstheit etwas ist, was spontan gelebt werden muss, etwas, das ohne Anstrengung einfach da ist.

Die Vorstellung von Selbst-Bewusstheit ist nichts anderes als die Erschaffung einer geistigen Melodie des Göttlichen. Suchende, die sich ohne einen geeigneten Lehrer auf den Weg begeben, können leicht in Illusionen verfallen.

Sie beginnen möglicherweise, die Ausdehnung des Universums bis ins Unendliche zu sehen, sie glauben möglicherweise, dass sie beginnen, die Unendlichkeit zu fühlen. Das ist Selbsthypnose. Das ist nicht mehr, als mit der Idee des Göttlichen zu spielen, aber es ist nicht das Erlangen der Wirklichkeit des Göttlichen, die der Zustand des transzendentalen Seins und des reinen Bewusstseins ist.

Der Weg zur Verwirklichung durch das Glückseligkeits-Merkmal des Göttlichen

Nun ist es an der Zeit, den Weg zu Gott durch das Glückseligkeits-Merkmal des *Sat-Chit-Ānanda* zu betrachten. Dieser Weg ist für uns von weitaus größerem Interesse als die anderen, weil er den Bedürfnissen des Haushälters entspricht, der im Leben steht, das Leben annimmt und ganz natürlich Erfolg und Erfüllung im Leben sowie die Entfaltung seines Bewusstseins sucht.

Der Pfad der Unterscheidung durch das Absolutheits-Merkmal ist für den Haushälter am ungeeignetsten, weil er eine Ablehnung weltlicher Aktivitäten und weltlicher Erfahrungen mit sich bringt. Der Pfad des Bewusstseins-Merkmals ist für einen Haushälter kaum geeigneter als der Weg des *Sannyasī*, denn um Bewusstheit so weit wie möglich zu leben, ist es notwendig, dass der Geist nicht mit der Erfahrung von Vielfalt beschäftigt ist.

Der Einsiedler, ob er dem Pfad durch das Absolutheits-Merkmal oder dem Pfad durch das Bewusstseins-Merkmal folgt, muss in einem beschränkten Feld der Erfahrung leben. Er lebt beispielsweise als Eremit in einer Höhle, ohne sich um etwas sorgen zu müssen und ohne sonstige Ansprüche an seine Aufmerksamkeit.

Morgens und abends geht er möglicherweise in *Samādhi* und wenn er wieder herauskommt, wird er versuchen, das Bewusstsein, das er erlangt hat, zu leben. Vielleicht setzt er dazu ein wenig Ego oder ein wenig Intellekt ein, aber immer nur so wenig wie möglich.

In der Welt der vielfältigen Erfahrungen, in der der Großteil des Geistes mit Angelegenheiten des täglichen Lebens beschäftigt ist, hätte der Eremit keine Chance, Selbst-Bewusstheit zu leben. Vielmehr könnte er aufgrund der Anforderungen des Lebens an seine Aufmerksamkeit leicht dem Irrtum des intellektuellen Selbst-Bewusstseins verfallen. Sobald die Notwendigkeit besteht, vollständig einzutauchen in irgendeine Handlung oder Tätigkeit, ist für den unverwirklichten Menschen die Möglichkeit, Selbst-Bewusstheit zu leben, verloren.

Die beiden Wege des Einsiedlers sind daher für den weltlichen Menschen oder Haushälter völlig ungeeignet und bringen ihm, sollte er sie versuchen, nur Leid und Misserfolg im Leben.

Eines der drei Merkmale des Göttlichen ist das Glückseligkeits-Merkmal, und durch dieses Merkmal werden wir unseren Pfad suchen. Wir ergehen uns nicht in der Betrachtung des Absoluten. Wir suchen Bewusstsein nicht intellektuell, noch denken wir überhaupt darüber nach. Stattdessen lassen wir uns durch das Glückseligkeits-Merkmal zur Erfahrung von Bewusstsein führen. Wir verlassen uns auf die Tatsache, dass transzendentales Glück ein klarer Anziehungspunkt und eine Verlockung für den Geist ist.

Es gibt keinen Geist, der diese Anziehung nicht spürt. So wie Wasser immer abwärts fließt, fließt auch der Geist immer zu einem Bereich größeren Glücks. Der Geist muss dafür nicht üben, er muss sich nur auf etwas einlassen, das bereits Teil seiner Natur und mit dieser untrennbar verbunden ist.

In den Upanishaden heißt es: »Die Wirklichkeit, das absolute Glückseligkeitsbewusstsein, ist kleiner als das Kleinste und größer als das Größte.« Es ist sowohl das Atom der Atome als auch größer als das Größte. Hier ist also eine Definition der Wirklichkeit. Das, was größer ist als die Unermesslichkeit kosmischer Schöpfung, ist das Transzendente, und nur das. Und das, was feiner und subtiler ist als das feinste Teilchen der kosmischen Schöpfung, ist wiederum das Transzendente.

Wie kann dies – das Transzendente – erfahren werden? Die Beschreibung des Pfades ist in der Definition enthalten. Die Wirklichkeit ist das Atom der Atome. Gelangen wir über das Feld der feinsten Schöpfung hinaus, dann stellen wir fest, dass wir gleichzeitig über das Größte hinausgelangt sind.

Als Beschreibung der Wirklichkeit sind diese Worte dürftig, aber der Pfad zur Wirklichkeit ist in ihnen enthalten. »Lassen Sie alle groben Erfahrungen hinter sich, reisen Sie in den Bereich der feinsten Erfahrungen und transzendieren Sie dann diese Feinheit.« Und um zu reisen, ist es nur erforderlich, den Geist nach innen zu richten, dem Licht der Glückseligkeit entgegen, und der Geist wird dorthin fließen, genauso wie Wasser bergab fließt.

Wenn der Geist seine Reise über den feinsten Aspekt des Manifesten hinaus geschafft hat, wenn die Erfahrung eines Anblicks, eines Klangs oder eines Geschmacks bis an den Punkt der Transzendenz verfeinert worden ist, und der Erfahrende völlig allein gelassen wird, nennt man dies *Yoga*.

Die Definition von *Yoga* in den Aphorismen von Patanjali lautet: »Wenn der Geist aufhört zu wandern, dann ist das *Yoga*.« Und dies ist die Vereinigung der niederen Natur mit der höheren Natur, die Vereinigung des Menschen mit Gott. So weit, so gut, aber es tauchen Fragen auf. Zum Beispiel: Im Schlaf kommt der Geist zur Ruhe und hört auf zu wandern; ist das *Yoga*? Um seine Definition zu verdeutlichen, fügt Patanjali hinzu: »Im Zustand des *Yoga* ist der Erfahrende ganz sich selbst überlassen.«

Wenn der Erfahrende sich selbst überlassen ist, gibt es für ihn nichts mehr zu erfahren und der individuelle Geist ist mit dem kosmischen Geist verschmolzen und wird zu diesem. Aber solange es etwas zu erfahren gibt, behält der Erfahrende seine Individualität. Durch seine Individualität erfährt der Erfahrende die Dinge der objektiven Welt. Solange es eine dreifache Beziehung von Erfahrung, Erfahrendem und dem Vorgang des Erfahrens gibt, bleibt die Individualität bestehen, und der Geist verweilt im Bereich der objektiven Schöpfung.

Aber wenn die Erfahrung und der Erfahrende eins werden, wenn das Objekt mit dem Subjekt verschmilzt und darin aufgeht, dann wird aus der dreifachen Beziehung die Einheit des Reinen Seins. Die Materie, die den Geist beherrscht hat, wird nun selbst vom Geist beherrscht. Diese Errungenschaft ist der Sieg des Geistes über die Materie.

Materie kann glanzvoll sein, aber der Geist ist glorreich. In Indien gibt es eine Geschichte über Dämonen, die sich der Erde bemächtigten und sie im Wasser ertränkten, und über Götter, die kamen, um die Erde aus dem Wasser zu retten. Dies ist eine Allegorie, die zeigt, wie der Geist, nachdem er vom Glanz der materiellen Welt geblendet und betrogen wurde, seine rechtmäßige Vorherrschaft wiedererlangen muss.

Das bedeutet nicht, dass die materielle Welt verachtenswert oder wertlos ist, sondern dass nur durch das Licht des wieder erwachten Geistes die materiellen Herrlichkeiten weiterhin verherrlicht werden können. Die wahrhaft Mächtigen, die ihren Feind besiegt und keine Angst vor ihm haben, lassen ihn frei – mehr noch, sie sind um ihn besorgt und setzen sich dafür ein, sein Wohlergehen zu verbessern. Das ist es, was die Transzendentale Meditation für die materielle Welt tun könnte, in der die Materie schon zu lange den Geist bezwungen hat. Sobald der individuelle Geist das absolute Glückseligkeitsbewusstsein erreicht hat und mit dem kosmischen Geist eins geworden ist, wird er, wenn er aus dem Zustand der Einheit herauskommt, feststellen, dass er von den Eigenschaften des kosmischen Geistes durchdrungen und mit ihnen ausgestattet ist.

Zunächst ist dieser Zustand nicht perfekt und nicht von Dauer, aber mit der regelmäßigen Ausübung der Transzendentalen Meditation wird er mehr und mehr und über immer längere

Zeiträume gelebt. Schließlich wird der Zustand des absoluten Glückseligkeitsbewusstseins inmitten des Lebens vollkommen und vollständig gelebt.

Und wenn dies eingetreten ist, hat sich das Leben eines Menschen zur vollen Blüte entfaltet. Dieser Zustand wird Kosmisches Bewusstsein genannt, und derjenige, der ihn lebt, lebt gleichzeitig in beiden Bereichen der Schöpfung – in den manifesten und unmanifesten – ein göttliches Leben.

Nun bleibt noch ein wichtiger Aspekt dieser Theorie, der einer Klärung bedarf. Wir haben davon gesprochen, das göttliche Element im Menschen zu verwirklichen und es in der Folge in die Welt des Manifesten zu bringen. Dies ist allerdings nur eine vereinfachte Beschreibung, die nicht die ganze Wahrheit wiedergibt. Wir haben scheinbar von einer Reise gesprochen, aber in Wirklichkeit gibt es keine Reise. Wie könnte es eine Reise zum absoluten Glückseligkeitsbewusstsein geben, das allgegenwärtig und ein wesentlicher Bestandteil der gesamten Schöpfung ist?

Die Illusion einer Reise entsteht einfach durch die Tatsache, dass im nicht-verwirklichten Menschen das absolute Glückseligkeitsbewusstsein verborgen bleibt – überdeckt von den ständigen Eindrücken auf den Geist, die Erfahrung grober Objektivität. Die einzige Reise, die unternommen wird, ist die durch den Schleier der Objektivität, der nur sehr dünn ist; und der Zweck dieser Reise ist es, den Geist mit seiner eigenen, wesentlichen Natur vertraut zu machen. Sobald der Geist weiß »Ich bin das«, nimmt ihn die Grobheit der materiellen Dinge nicht mehr völlig gefangen. Der Geist wird die subtile Qualität schätzen, die dem Gröbsten und Materiellsten zugrunde liegt und Teil davon ist. Erst wenn wir Wasser in seinem reinen, farblosen Zustand erlebt haben, wissen wir, dass Wasser flüssig und durchsichtig ist. Unsere Augen nehmen weiterhin wahr, dass Eis fest und trüb ist, aber wir wissen, dass seine Erscheinung nur relativ ist und dass ihm die Flüssigkeit und Klarheit des Wassers zugrunde liegt.

Bei allem, was wir sehen, fühlen oder erfahren, können wir doch auch sagen: »Zwar sehe oder fühle ich dieses oder jenes, aber ich werde durch diesen Anblick oder dieses Gefühl nicht begrenzt.« Und dies gilt nicht nur intellektuell, nicht nur für die Vorstellungskraft, sondern für unser gesamtes Sein, denn es gibt einen gewaltigen Unterschied zwischen dem Sein in dem Sinne, dass das ganze Selbst gelebt wird, und der Anwendung der Vorstellungskraft des Intellekts in dem Bemühen, das Bewusstsein zu erweitern.

Wenn man über das absolute Glückseligkeitsbewusstsein in seinen drei Aspekten spricht und nachdenkt, ist es wichtig zu erkennen, dass die drei Pfade sich gegenseitig ausschließen. Wenn wir uns entscheiden, uns dem Göttlichen durch den Aspekt des Absoluten zu nähern, dann werden uns die Türen des Glückseligkeits-Aspekts und des Bewusstseins-Aspekts verschlossen sein.

Auf die gleiche Weise wird der Pfad des Bewusstseins einen Menschen von der Erfahrung der Aspekte des Absoluten und der Glückseligkeit ausschließen. In der Tat denken wir beim Praktizieren der Transzendentalen Meditation als Lebensweise über keines der drei Merkmale nach oder überprüfen oder ergründen es – nicht einmal das Glückseligkeits-Merkmal. Wir nutzen das Glückseligkeits-Merkmal, indem wir uns von der Glückseligkeit anziehen und uns unschuldig und ohne Anstrengung oder Intellektualisierung zu unserem Ziel führen lassen.

Leider erkennen nur wenige Suchende, die den Pfad des Absolutheits- oder des Bewusstseins-Merkmals einschlagen, dass sie dem dritten Merkmal den Rücken kehren oder dass die Pfade, die sie anstreben, lang, schwierig und sehr anstrengend sind, abgesehen davon, dass sie für jeden außer den Einsiedler fast völlig unzweckmäßig sind. Der Weg der Transzendentalen Meditation hingegen ist praktisch und mühelos für alle, auch für den Einsiedler.

Die Entwicklung höheren Bewusstseins

Indem der individuelle Geist einen Zustand der Vereinigung mit dem universellen kosmischen Geist erreicht, gelangt er in den Bereich kosmischer Erfahrung und Existenz, wo es keine Beschränkungen gibt, nicht einmal die von Zeit und Raum. Dieser Zustand der Vereinigung ist allen wahren Religionen bekannt; er ist das Himmelreich oder Reich Gottes für Christen, das *Nirvāṇa* für Buddhisten und *Ātmānanda* in der Sprache der Bhagavad Gītā und der Upanischaden.

Es mag für den gewöhnlichen Menschen, den Haushälter, wie ein unvorstellbar hohes Ziel erscheinen. Es mag hoch sein, aber es kann durch die Praxis der Transzendentalen Meditation erreicht werden. Es ist lediglich notwendig, die Transzendentale Meditation unschuldig, ohne Eile oder Anstrengung und in der vorgeschriebenen Weise auszuführen.[2]

Aus dem Erreichen des Zustands der Vereinigung folgt alles andere. Das Selbst-Bewusstsein ist die Quelle der Kreativität, und diese schöpferische Energie, aus der es sich zusammensetzt, kann auf alle Aspekte des Lernens, alle Aktivitäten des Lebens, alle Weisheit, Frieden, Kraft und Glück angewendet werden.

---

2 gemäß der Anleitung eines Lehrers der Transzendentalen Meditation

Das ist die Energie, die bei der Entwicklung der menschlichen Persönlichkeit zu ihrem höchsten Potenzial genutzt werden kann. Und es ist diese großartige Entwicklung der Persönlichkeit, die gemeint ist, wenn wir von der Entwicklung höheren Bewusstseins sprechen.

Im Zustand der Vereinigung mit dem universellen kosmischen Geist hört der individuelle Geist auf, individuell zu sein. Er hört auf, im Sinne von individuellem Bewusstsein bewusst zu sein, um absolutes Bewusstsein zu werden, das völlig von der relativen Ordnung der Dinge getrennt ist.

Das Erreichen der Vereinigung wird oft als Erweiterung des Bewusstseins beschrieben. Aber das Bewusstsein als Bewusstsein erweitert sich niemals. Der individuelle Geist erweitert sich und wird dadurch zu Reinem Bewusstsein. Also ist »die Erweiterung des Bewusstseins« eigentlich ein Widerspruch in sich. Das Bewusstsein ist bereits universell und absolut und kann sich nicht erweitern, aber die Fähigkeiten des Geistes können sich erweitern – bis zu dem Punkt, an dem die persönliche Individualität in die größte aller Individualitäten umgewandelt wird, die Einheit der kosmischen Wirklichkeit.

In allen religiösen Schriften wird der Reinheit große Aufmerksamkeit geschenkt – der Reinigung des Lebens des Einzelnen. Mit Reinigung ist eigentlich die Erweiterung des Geistes gemeint. Wenn der Geist durch seine eigenen Begrenzungen auf die Wahrnehmung der groben Aspekte der Schöpfung beschränkt ist, ist dieser Geist selbst grob oder unrein.

Wenn seine Begrenzungen transzendiert, überwunden werden und seine Erfahrungsfähigkeit auf immer feinere Ebenen erweitert wird, wird der Geist selbst weniger grob und gereinigt.

Wenn wir eine Blume wahrnehmen, verwenden wir den groben Aspekt unseres Wahrnehmungssinns. Schließen wir hingegen unsere Augen und machen uns ein mentales Bild derselben Blume, bringen wir eine feinere Funktion des Sehsinns ins Spiel und beginnen, weniger grob zu sehen. Wenn wir in der Transzendentalen Meditation diesen Prozess der Verfeinerung oder Reinigung zu Ende führen, regen wir die tieferen Aspekte der Erfahrungsfähigkeit an und aktivieren sie. Folglich ist die Transzendentale Meditation ein Prozess der Entfaltung tieferer Schichten des Geistes.

Ein Merkmal des Geistes, der Zugang zum Bereich des absoluten Seins erlangt hat, ist, dass er zunehmend kühn, entschlossen und zielgerichtet wird. Dies ist das unmittelbare Ergebnis der Meditation, die die tieferen und bisher ruhenden Bereiche des Geistes in Aktivität bringt. Gibt es im Meer oder im Wasser Bewegung an der Oberfläche durch eine Brise oder ein ins Wasser geworfenes Steinchen, dann haben die dadurch entstehenden Wellen nur geringe Kraft. Sie sind nicht mehr als ein kurzlebiges Kräuseln an der Wasseroberfläche.

Wenn jedoch die tieferen Schichten des Meeres erfasst werden, können die vom Wind erzeugten Wellen wachsen und sich zu mächtigen Wellen entwickeln, die die Kraft haben, Schiffe zu versenken und Land wegzuspülen. So ist es auch mit dem Geist. Transzendentale Meditation ist eine Technik, die das Kräuseln der oberflächlichen Aktivität verstärken kann, bis es zu großen Wellen des Denkens und Handelns wird.

Das äußere Leben und das innere Leben sind nicht voneinander getrennt. Sie sind zwei Aspekte der Gesamtheit unserer Existenz. Nehmen wir als Vergleich ein Haus mit einer Veranda und einem Wohnzimmer: Wir sollten in der Lage sein, uns nach

Belieben auf die Veranda zu begeben, um die Kühle der objektiven Existenz zu genießen, oder ins Wohnzimmer zu gehen, um es uns in der Wärme spiritueller Erfahrung behaglich zu machen. Es ist kein Wunder, dass wir zu frösteln beginnen, wenn wir gezwungen sind oder uns dafür entscheiden, die ganze Zeit draußen auf der Veranda zu verbringen.

Wir alle besitzen ein Haus, in dem jede Annehmlichkeit bereit steht. Und doch ignorieren viele von uns die bessere Hälfte davon. Das ideale Leben würde zweifellos darin bestehen, gleichzeitig sowohl die Kühle der Veranda als auch die Wärme des Wohnzimmers zu genießen. Dies ist jedoch nur möglich, wenn wir die Wärme des Wohnzimmers mitnehmen, wenn wir auf die Veranda hinausgehen. Wenn wir versuchen, auf halbem Weg zwischen Veranda und Wohnzimmer zu stehen, ist es zugig und uns wird von vorne kalt und von hinten heiß. Nein, das ist nicht der Weg.

Der Weg besteht darin, nach innen zu gehen, voll und ganz und ohne Einschränkungen in die Mitte des Wohnzimmers zu gehen und uns dort so gründlich zu wärmen, dass die Wärme in unserem Sein erhalten bleibt. Danach, mit der Wärme noch in uns, gehen wir direkt hinaus auf die Veranda und befassen uns voll und ganz und ohne Zurückhaltung mit den Eindrücken und Aktivitäten, die die Veranda zu bieten hat.

Das Bewahren der spirituellen Wärme, wenn wir uns mit der Vielfalt des Lebens und der Erfahrung beschäftigen, ist etwas, das die Transzendentale Meditation auf natürliche Weise erreicht. Wenn wir ein weißes Tuch gelb färben wollen, tauchen wir es in gelbe Farbe. Wenn wir es herausnehmen, stellen wir fest, dass die Farbe nicht lange hält und dazu neigt, im Sonnenlicht zu verblassen – also tauchen wir es erneut in die gelbe Farbe, wieder und wieder. Wenn wir einmal damit begonnen haben, das Tuch in die Farbe zu tauchen, verblasst das Gelb nie mehr vollständig. Und durch das regelmäßige Färben nimmt es schließlich dauerhaft die gelbe Farbe an. Dies entspricht dem Zustand des Kosmischen Bewusstseins.

Die Entfaltung latenter Fähigkeiten

Der Prozess der Transzendentalen Meditation, der mit einem Eintauchen in die Tiefen der Persönlichkeit verglichen werden kann, erreicht jene Ebenen des Geistes, für die die moderne Psychologie viele Namen kennt, wie z. B. das Unterbewusstsein oder das Überbewusstsein. Wenn der Prozess diese Schichten erreicht, erhellt er sie, aktiviert sie und bringt die Ebenen, die stumm oder außerhalb der bewussten Kontrolle waren, ins Bewusstsein und unter Kontrolle.

Wenn wir einen Gedanken haben – »Ich sehe eine Blume« – erkennen wir ihn, sobald er die bewusste Ebene unseres Geistes erreicht. Aber wir wissen nicht, wo und wie der Gedanke entstanden ist und welche Stufen er durchläuft, bis er die Ebene der geistigen Wahrnehmung erreicht hat. Angenommen, wir vergleichen einen Gedanken mit einer Blase, die auf dem Meeresgrund entsteht und aus der Tiefe aufsteigt, bis sie schließlich an die Oberfläche gelangt, dann würde uns das ein Bild des Gedankenprozesses vermitteln. Da wir gewohnheitsmäßig an der Oberfläche des Geistes leben, werden unsere Gedankenblasen unserem Bewusstsein erst dann zugänglich, wenn sie an der Oberfläche zerplatzen. Aber sie sind dennoch da und waren es, seit sie in den Tiefen des Ozeans des Geistes geboren wurden. Geboren aus dem wesentlichen Bestandteil des Gedankens, der dem Geist zugrunde liegt wie der Meeresgrund dem Ozean.

Die Entwicklung latenter Fähigkeiten im Menschen hängt davon ab, dass alle Ebenen des Gedankens ins Bewusstsein gebracht werden, von den tiefsten und feinsten bis zu den gröbsten und oberflächlichsten. Wir alle sind mit dem Prozess der Vorstellungskraft vertraut und wenden ihn alle in mehr oder weniger großem Ausmaß an, aber die Vorstellung, dass die geistige Wahrnehmung einer Sinneserfahrung eine Erweiterung der Wahrnehmungsfähigkeit ist, ist uns nicht geläufig.

Geistige Wahrnehmung ist daher an sich eine latente Fähigkeit oder zumindest die Entwicklung einer Fähigkeit, von der der Mensch keinen Gebrauch macht, weil er ihren Wert nicht erkennt oder nicht weiß, wie er sie anwenden soll. Es gibt viele solcher verborgenen Fähigkeiten, die für gewöhnlich ignoriert oder unterdrückt werden – oder deren Vorhandensein nicht einmal vermutet wird.

Im Prozess der Transzendentalen Meditation werden die verborgenen Fähigkeiten im Menschen nicht nur aufgedeckt, sondern sie werden zum Vorschein gebracht, um das Leben zu bereichern. Das Hervorbringen dieser Fähigkeiten und ein wachsendes Verständnis für ihre Funktion und ihren Zweck, sind Dinge, die nicht intellektuell erreicht werden können.

Erfahrung ist unerlässlich. Das Verständnis muss aus der regelmäßigen und umfassenden Erfahrung der Eigenschaften der tieferen Ebenen des Geistes kommen, aber es ist unabänderlich, dass das Subtile nur durch das Subtile gewürdigt werden kann. Jeder Versuch, das Subtile mithilfe eines groben Instruments zu verstehen – in diesem Fall die oberflächlichen Schichten des Gedankens – ist zum Scheitern verurteilt. Diese Tatsache führt dazu, dass die moderne Psychologie unvollständig und theoretisch ist. In seiner eigentlichen Bedeutung sollte das Wort

»Psychologie« alle Ebenen des Geistes abdecken. Der Intellekt, mag er noch so scharf und brillant sein, ist völlig ungeeignet, die subtileren Bereiche des Geistes zu erforschen. Dennoch gibt es moderne Systeme der Psychologie, die den Anspruch erheben, umfassend zu sein, aber ausschließlich auf oberflächlichem Denken und oberflächlichen Untersuchungen basieren.

Wenn ein Mensch ein vollkommener Schwimmer werden will, also jemand sein will, der sich im Wasser zu Hause fühlt, reicht es nicht aus, wenn er lernt, so geschickt im Schwimmen zu sein, dass er den Kopf über Wasser halten kann. Er muss auch lernen zu tauchen und unter Wasser zu schwimmen.

So ist es auch mit dem Menschen, der Erfüllung im Leben sucht. Nur wenn er lernt, zu den Herrlichkeiten des inneren Lebens zu tauchen, kann er überhaupt die Kräfte und Fähigkeiten entwickeln, die es ihm ermöglichen, mit aller Geschicklichkeit und voller Selbstvertrauen an der Oberfläche des Lebens zu schwimmen.

Transzendentale Meditation und Gesundheit

Ein großer Teil der Ärzte der Welt ist der Ansicht, dass etwa achtzig Prozent aller körperlichen Erkrankungen auf muskuläre und nervliche Verspannungen zurückzuführen sind und dass diese Verspannungen wiederum auf geistigen Verspannungen beruhen, die durch Sorgen, Ängste, Kummer und Misserfolge im Leben verursacht werden.

Geistige Verspannungen entstehen im Menschen, wenn seine Wünsche nicht befriedigt werden, oder, was häufig vorkommt, wenn er zwei widersprüchliche Wünsche gleichzeitig hat. Das gilt für den Wunsch nach materiellem Besitz, aber auch für das Streben nach Erfolg, Glück, Weisheit und Erfüllung.

Man kann also sagen, wenn ein Mensch auch nur ansatzweise die Erfüllung seiner Wünsche erfahren könnte, insbesondere derjenigen, die tief und wesentlich in seiner Persönlichkeit liegen wie zum Beispiel nach Kreativität und innerem Frieden, beginnt sein Verspannungszustand sich aufzulösen und verringert sich seine Neigung zu psychosomatischen Erkrankungen entsprechend.

Die erste Wirkung der Transzendentalen Meditation, die bereits eintritt, wenn man das erste Mal meditiert, ist der Abbau von Verspannungen. Es besteht kein Zweifel, dass sich ein Mensch während der Meditation physisch und geistig entspannt und Frieden erfährt. Die Wirkung der Transzendentalen Meditation setzt direkt an den Ursachen psychosomatischer Erkrankungen an und ist, als Behandlung betrachtet, überaus wertvoll.

Ein zweiter Aspekt der Transzendentalen Meditation, der bei der Wiederherstellung der Gesundheit eine große Rolle spielen könnte, hat mit der Atmung zu tun. Wenn der Geist tief in die Meditation eintaucht, wird die Atmung auf natürliche Weise verfeinert – sie neigt dazu, immer leichter und sanfter zu fließen. Das ist nicht das Ergebnis irgendeiner Anstrengung oder Kontrolle oder bewusster Aufmerksamkeit auf die Atmung, sondern einfach die natürliche Reaktion des Körpers auf den entspannenden Vorgang der Meditation.

Die Verfeinerung der Atmung bewirkt, dass die Lungen und das Herz und indirekt auch alle anderen Körperfunktionen zur Ruhe kommen. Auf diese Weise wird der Körper durch und durch revitalisiert. Das Gefühl von körperlicher Energie und Wohlbefinden nach der Transzendentalen Meditation ist ebenso bemerkenswert wie das Empfinden geistiger Wachheit, das sie mit sich bringt. Durch die fortgesetzte Ausübung der Transzendentalen Meditation wirken sich diese Effekte sogar auf Alterserscheinungen wie Falten und schlaffe Haut aus. Ein Mensch, der regelmäßig meditiert, fühlt sich nicht nur jünger und lebendiger, sondern sieht auch jünger aus.

Eine dritte Auswirkung der Transzendentalen Meditation ist, dass *Prāṇa*, das Atemprinzip, verfeinert wird und mit der Verfeinerung und Reinigung des Geistes in Einklang kommt. Die Verfeinerung von *Prāṇa* beeinflusst die Chemie des Körpers, indem sie die Produktion von Kohlendioxid senkt, was wiederum das Säure-Basen-Gleichgewicht verändert und dazu führt, dass der gesamte Organismus weniger sauer und mehr basisch wird. Physiologisch betrachtet verfällt ein saurer Körper schneller als ein basischer Körper, so dass die Transzendentale Meditation die Geschwindigkeit des körperlichen Verfalls verlangsamt.

Transzendentale Meditation und Bildung

Der eigentliche Zweck der Bildung ist zweifellos, die geistigen Fähigkeiten zu entwickeln und die dem Menschen innewohnenden und verborgenen Qualitäten zu entfalten.

Derzeit konzentriert sich das Bildungswesen überall auf der Welt auf die Bereitstellung von Informationen. Schülern wird eine Flut an Wissen vermittelt und diejenigen, die in der Lage sind, den Großteil davon zu erfassen und zu verstehen, bestehen ihre Prüfungen und wechseln in höhere Klassen.

Die Schüler mit geringerer Auffassungsgabe müssen im Normalfall einfach die gleiche Klasse und die gleichen Lektionen wiederholen. Selbst nach vielen Wiederholungen gelingt es ihnen nicht, den Unterricht zu verinnerlichen, und man ist dann der Meinung, dass alles zu ihrer Hilfe getan wurde. Das ist aber nicht der Fall, denn keine noch so häufige Wiederholung des Lernstoffs kann aus einem Dummkopf einen brillanten Gelehrten machen.

Ein Prozess der Entwicklung des Geistes, wie dieses System der Transzendentalen Meditation, leistet für den schwachen Schüler das, was ein auf reiner Wiederholung basierender Unterricht niemals leisten kann. Er entwickelt die latenten Kräfte des Geistes auf ganz natürliche Weise bis zu dem Punkt, an dem Informationen durch Verstehen aufgenommen werden können.

Es geht natürlich nicht darum, die Weitergabe von Informationen, die das Lernen so segensreich macht, zu ersetzen. sind. Die Transzendentale Meditation bietet lediglich eine Ergänzung an, um die Vermittlung von Fakten zu unterstützen und sinnvoll zu machen. Das könnte für alle älteren Schüler von größtem Wert sein, weil Transzendentale Meditation die Tiefe des Verstehens einer jeden Lehre tausendfach steigert.

Durch die Entfaltung der verborgenen Kräfte des Unterscheidungs- und Verständnisvermögens ermöglicht es die Transzendentale Meditation dem Menschen endlich, seinen Wissensdurst zu stillen. So wie die Bildung heutzutage vermittelt wird, stillt sie nicht den Wissensdurst, sondern vergrößert ihn, indem sie Fakten liefert und damit die Neugier des Geistes weckt, sie aber nicht befriedigt. Je mehr ein Mensch über ein Thema liest, desto größer scheint das Feld des Unbekannten zu werden.

Durch das Aneignen von Faktenwissen wird ihm das ganze Ausmaß seiner eigenen Unwissenheit schmerzhaft bewusst, und paradoxerweise führt eine umfangreiche Belesenheit nur allzu oft dazu, dass der Mensch ein Gefühl hilfloser Unzulänglichkeit entwickelt. Der einzige Ausweg scheint hier die Selbstbeschränkung auf ein bestimmtes Spezialgebiet zu sein, das zwar

Lernen, aber keine Bildung ist. Diese Situation wurde durch das jahrhundertelange Schwimmen des Menschen an der Oberfläche des Geistes herbeigeführt, wo die Landschaft unermesslich vielfältig, aber völlig auf die manifeste Schöpfung beschränkt ist. Der Weg, auf dem alles Wissen in Beziehung gesetzt und in den grundlegenden Zustand der Weisheit gebracht werden kann, ist der Zugang zu Kosmischem Bewusstsein[3]. Es gibt keinen anderen Weg.

Wenn die Welt weiser und besser werden soll, wenn die Familie der Nationen in Frieden, Wohlstand und Harmonie leben soll, dann müssen nicht nur die Führungspersonen, Lehrer und Gelehrten, sondern jeder einzelne Bürger lernen, die Wunder des inneren Lebens zu erforschen und für sich selbst zu entdecken.

Würde die Transzendentale Meditation in die Bildungssysteme der Welt eingeführt werden, dann wäre es ohne Übertreibung möglich, dass eine neue Menschheit geboren wird, denn die Erfüllung, die durch Meditation erlangt wird, ist die Erfüllung allen Lernens, aller Wissenschaft, aller Philosophie, aller Religion und aller Wahrheit.

Das höchste Ziel der Transzendentalen Meditation

Das Himmelreich, Christusbewusstsein, *Nirvāṇa*, *Ātmānanda* – es gibt viele Namen für das Bewusstsein. Das höchste Ziel des Systems der Transzendentalen Meditation ist Kosmisches Bewusstsein[4]. Sobald der Geist zum transzendentalen Sein geführt

---

3 Reines Transzendentales Bewusstsein

4 In den frühen Jahren, als Maharishi anfing, Transzendentale Meditation zu unterrichten und von 1960–61, als diese Vorträge in London aufgezeichnet wurden, sprach Maharishi vom Kosmischen Bewusstsein als dem „höchsten

wurde, wird er frei von objektivem Bewusstsein, und das, was
übrig bleibt, ist rein subjektiv. Dieser Zustand reinen, subjektiven Bewusstseins wird Selbst-Bewusstsein oder Selbst-

Ziel" menschlicher Evolution. Im Jahr 1967 bereits hatte Maharishi als Reaktion auf die Zunahme der Erfahrungen mit höheren Bewusstseinszuständen
überall auf der Welt die Zustände höheren Bewusstseins weiter differen-
ziert und Erfahrungen der Transzendentalen Meditation auch erklärt durch
Gottes-Bewusstsein und Einheits-Bewusstsein – dem Gipfel der menschlichen Evolution.

Maharishi definierte sieben Zustände des Bewusstseins:
1. Wachzustand des Bewusstseins
2. Traumzustand des Bewusstseins
3. Schlafzustand des Bewusstseins
4. Transzendentales Bewusstsein
5. Kosmisches Bewusstsein
6. Gottes-Bewusstsein
7. Einheits-Bewusstsein

Und er erläuterte, wie das regelmäßige Praktizieren der Transzendentalen
Meditation die Erfahrung tiefer Stille Reinen Bewusstseins – Transzendentales Bewusstsein, das Feld reiner Kreativer Intelligenz – zunehmend in die
Natur des Geistes integriert wird, bis Erleuchtung – Einheits-Bewusstsein –
das volle Erwachen totalen Wissens in der menschlichen Wahrnehmung
aufdämmert.

Wissen ist unterschiedlich in unterschiedlichen Zuständen des Bewusstseins. Wissen im Wachzustand unterscheidet sich von Wissen im Traumzustand, und im Schlafzustand ist es wieder anders.

Das Feld vollkommenen Wissens ist unser eigenes Reines Bewusstsein –
oder eigenes Selbst. „Erkenne dich selbst" ist ein wohlbekanntes Sprichwort.
Maharishi hat die Sinnsuche nach Erleuchtung – Einheitsbewusstsein, den
Zustand uneingeschränkter Freiheit, Selbstgenügsamkeit und Glückseligkeit –
für jeden zugänglich gemacht. Er erklärt die Erleuchtung als das vollständige Erwachen des individuellen Bewusstseins zu seinem vollen Kosmischen
Potenzial, wodurch der Einzelne die Fähigkeit erlangt, alles zu wissen, alles
zu tun und alles zu vollbringen, was sein Leben und die Welt um ihn herum bereichert. Maharishis Transzendentale Meditation ist ein Mittel, um
die Realität zu verwirklichen und zu leben, die das Geburtsrecht eines jeden
Menschen ist.

Bewusstheit genannt. Wenn der Geist aus dem rein subjektiven Selbst-Bewusstsein auftaucht und das objektive Bewusstsein wieder aufnimmt, bringt er den Zustand des Seins mit sich und lässt ihn in die Erfahrung der relativen Welt einfließen. Dieser Zustand, in dem transzendentales Sein inmitten der Vielfalt und Erfahrung der relativen Welt gelebt wird, ist Kosmisches Bewusstsein.

Seine Natur ist unbeschreiblich, denn sie liegt außerhalb des Bereichs der Worte. Seine eigentliche Natur ist eine Vereinigung der beiden extremen Polaritäten – negativ und positiv, Harmonie und Disharmonie, Stille und Aktivität. Wenn die ewige Stille des Unmanifesten in der lebendigen Erfahrung mit der äußeren Aktivität des Manifesten verbunden ist – nicht zu unterschiedlichen Zeitpunkten, sondern gleichzeitig –, dann wird das erfahren, was jenseits aller Worte liegt. Wenn wir versuchen, den Zustand in Worte zu fassen, werden wir uns selbst ad absurdum führen.

Wenn wir sagen würden, Kosmisches Bewusstsein beinhalte, eine Blume gleichzeitig zu sehen und nicht zu sehen, entstünde der Eindruck, dass wir Unsinn reden. Denn die stille Natur des Bewusstseins lässt sich nicht beschreiben. Sein aktiver Aspekt erlaubt eine Beschreibung, aber wenn beide Aspekte zusammengeführt werden – Stille in der Aktivität und Aktivität in der Stille – fehlen uns die Worte. Gleichzeitig müssen wir, obwohl eine Definition unmöglich ist und die Möglichkeit einer Beschreibung bis hin zur Absurdität beschränkt ist, versuchen, einen flüchtigen Einblick zu geben, eine Andeutung seiner Natur, eine kleine Vorstellung davon zu vermitteln. So wie der Geschmack von Zucker nicht definiert werden kann und wir durch Worte und Assoziationen dennoch eine Vorstellung von seiner Süße vermitteln können, so ist es auch mit dem Zustand des transzendentalen Seins – selbst wenn wir bei dem Versuch Gefahr laufen, absurd zu erscheinen.

Da Kosmisches Bewusstsein ein Zustand ist, der sowohl den transzendentalen als auch den relativen Bereich der Existenz vollständig umfasst, kann es nur mit zwei Gegensätzen, mit zwei scheinbar widersprüchlichen Aussagen beschrieben werden. Also beginnen wir damit, zu sagen, dass es das ist, was zwischen den Gegensätzen liegt – zwischen ewiger Stille und fortwährender Aktivität – und dass es sowohl Aktivität in der Stille als auch Stille in der Aktivität ist. Auch wenn dieser Zustand jenseits der Vorstellungskraft des menschlichen Intellekts liegen mag, ist er real – von einer weitaus größeren Wirklichkeit als der Intellekt, der ihn nicht zu fassen vermag.

Selbst-Bewusstsein, ganz zu schweigen von Kosmischem Bewusstsein, kann nicht wirklich beschrieben werden. Wie kann dann der Unterschied zwischen beiden dargestellt werden? Man kann es versuchen. Kosmisches Bewusstsein ist universelle Bewusstheit, und Selbst-Bewusstsein ist Selbst-Bewusstheit. Selbst-Bewusstheit ist der Zustand der transzendentalen Natur. Der Zustand des Seins ist wiederum unbeschreiblich und kann abermals nur durch zwei sich widersprechende Aussagen angedeutet werden: erstens, dass er ein Zustand positiver Erfahrung ist, und zweitens, dass er ein Zustand ohne jede Erfahrung ist.

Wenn der Geist die subtilen Zustände mithilfe der Meditation erfährt, ist der Geist der Erfahrende und gleichzeitig das, was erfahren wird, das Objekt der Erfahrung. Die Subjekt-Objekt-

Beziehung entsteht, wenn die Erfahrung beginnt. Der Prozess der Meditation führt schließlich zum transzendentalen Sein, wenn der subtilste Punkt eines Objekts transzendiert wird und der Erfahrende allein zurückbleibt, ohne das Objekt. Wenn das Objekt der Erfahrung nicht mehr existiert, sondern nur noch das Subjekt, ist dies ein Zustand ohne Erfahrung.

Subjekt und Objekt sind eins geworden – die Dualität hat aufgehört zu existieren, und es existiert nur Einheit. Wenn das Subjekt, der Erfahrende, und das Objekt der Erfahrung miteinander verschmelzen, ist dies die Fülle der Erfahrung. Die Erfahrung ist dann so vollkommen, dass die beiden vereint sind. In gewisser Hinsicht ist es ein Zustand ohne Erfahrung, weil das Objekt der Erfahrung aufgehört hat zu sein. In anderer Hinsicht ist es die Fülle der Erfahrung, weil der Erfahrende und das Erfahrene miteinander vereint sind. Deshalb können wir sagen, dass es ein Zustand positiver Erfahrung ist, der als solcher wahr ist, und im gleichen Atemzug behaupten, dass es keine Subjekt-Objekt-Beziehung gibt, was ebenso wahr ist. Und die höhere Wahrheit ist, dass beide Aussagen gleichzeitig wahr sind.

Die nach innen gerichtete Wanderung des Geistes in der Transzendentalen Meditation führt zum Selbst-Bewusstsein, und wenn das Selbst-Bewusstsein in den Bereich der relativen Welt hinausgetragen und gelebt wird, durchdringt es den gesamten Bereich der Aktivität. Dann geht die ewige Stille der Transzendenz Hand in Hand mit der Aktivität in der Welt. Die innere ewige Stille und die äußere unaufhörliche Aktivität werden in Einklang gebracht und gemeinsam im Zustand der Stille in der Aktivität und der Aktivität in der Stille gelebt.

Um das Kosmische Bewusstsein vom Selbst-Bewusstsein aus zu erreichen, ist keine Lenkung oder Übung des Geistes erforderlich. Der Geist, der nach innen ins Transzendente gegangen ist, muss wieder herauskommen; er kann nicht für immer im transzendentalen Sein bleiben.

Es ist genau dieses Herauskommen des Geistes aus dem Transzendenten, das den Prozess ausmacht, durch den Kosmisches Bewusstsein erlangt wird. Das Herauskommen geschieht automatisch und ist ein fester Bestandteil des Hineingehens; der Taucher taucht ab und taucht nach dem Tauchen wieder auf.

Während des Tauchens verlässt er die Welt, aber die Welt muss ihn zurückrufen, da er ein erschaffenes menschliches Wesen ist. Sobald er zurück ist, beteiligt er sich an manifester Aktivität, und das ist bereits Teil des Kosmischen Bewusstseins. Genau diese Beteiligung an der Aktivität ist der aktive Teil – die eine Hälfte – und alles, was noch hinzugefügt werden muss, ist die andere, stille, unmanifeste Hälfte. So kann durch dieses besondere System der Transzendentalen Meditation Kosmisches Bewusstsein erlangt werden – der höchste Punkt menschlicher Entwicklung[5], der Zustand, in dem der weltliche Mensch in den göttlichen Menschen verwandelt wird. Der Prozess der Verwirklichung ist weder schwierig, noch mühsam, noch mit Leiden verbunden; er ist einfach, sicher und vor allem natürlich.

---

5 Siehe Fußnote Seite 54

Teil Zwei

FRAGEN UND ANTWORTEN

TRANSZENDENTALE MEDITATION

Frage: Was ist Transzendentale Meditation?

Maharishi: Transzendentale Meditation ist ein Vorgang, der den Geist zu den subtileren Herrlichkeiten der Schöpfung führt, bis der subtilste Bereich transzendiert wird, um zur transzendentalen göttlichen Glückseligkeit zu gelangen.

Frage: Was ist der Unterschied zwischen Konzentration, Kontemplation und Transzendentaler Meditation?

Maharishi: Konzentration ist die Fixierung des Geistes auf einen Punkt. Transzendentale Meditation ist die Erfahrung der feineren Zustände dieses einen Punktes, bis der subtilste Zustand dieses Punktes transzendiert und der Zustand des Seins erreicht ist.

Kontemplation ist der Prozess des Denkens rund um diesen Punkt. Konzentration ist wie das Auf-der-Stelle-Treten an der Wasseroberfläche, Kontemplation ist wie das Umhertreiben auf der ganzen Wasseroberfläche, und Transzendentale Meditation ist wie das Eintauchen in die Tiefen des Wassers. Die Transzendentale Meditation erkundet die Herrlichkeiten des inneren Lebens. Kontemplation erforscht die Herrlichkeiten der Oberfläche des Lebens und Konzentration hält den Geist in einer statischen Position auf einem Punkt fest.

Die Erfahrung Transzendentalen Bewusstseins

Frage: Wie verbessern wir uns durch die Transzendentale Meditation, wenn unser Geist nicht bewusst ist und nicht weiß, was geschieht?

Maharishi: Nein, bewusst ist er schon, denn wir erfahren jeden subtilen Zustand in der Transzendentalen Meditation bewusst. Wenn wir in einem Flugzeug sitzen, dann zieht alles sehr schnell an uns vorüber, aber wenn wir langsam voranschreiten, sehen wir alle Details. Wenn wir meditieren, bewegen wir uns schnell, aber der ganze Vorgang ist ein bewusster Prozess. Ein unbewusster Geist kommt einfach nicht voran.

Frage: Vielleicht ist es eine Art Bewusstsein, das eher dem Fühlen ähnlich ist, aber in unserem Geist nicht in Form von Worten oder Gedanken Ausdruck findet?

Maharishi: Auch das Fühlen ist eine bewusste Erfahrung. Jetzt, wenn die Sinne wach sind, werden grobe Objekte erfahren. Erfahrungen während der Transzendentalen Meditation sind viel feiner, sehr viel feiner. Die Konkretheit der Erfahrungen ist sehr subtil, und während die Meditation voranschreitet, nimmt die Abstraktheit zu. Deshalb scheinen die Erfahrungen nicht sehr klar zu sein. Aber die gesamte Erfahrung ist eine bewusste Erfahrung, bis es am Ende nur noch das Bewusstsein des Bewusstseins gibt. Es ist nur das Bewusstsein des Bewusstseins.

Frage: Wäre dieser Zustand der Erfahrung nach langer Praxis der Transzendentalen Meditation nicht erkennbar?

Maharishi: Zu Beginn der Ausübung ist er nur flüchtig, vorübergehend; und solange der Zustand vorübergehend ist, wird er nicht in einem nennenswerten Grad wahrgenommen. Aber wenn der Zustand für einige Minuten anhält, beginnt der Geist, ein wenig länger in diesem Bereich zu bleiben. Dann wird dieser Zustand zu einer lebendigen Wirklichkeit. Es handelt sich nicht nur um eine Vermutung, sondern es ist eine konkrete Erfahrung.

*Frage: Erst wenn man in den groben Bereich zurückkehrt, er-
kennt man diesen Zustand aufgrund der fehlenden Erfahrung
der Außenwelt. Man muss erst in den groben Bereich zurück-
kehren, um ihn zu erkennen. Das scheint ein Zustand ohne Erfahrung zu sein, nicht wahr?*

Maharishi: Nein, es ist kein Zustand ohne Erfahrung. Am
Anfang scheint er ohne Erfahrung zu sein. Warum? Weil das
Transzendentale Bewusstsein abstrakt ist. Der Geist ist an die
Erfahrung konkreter Objekte gewöhnt. Es ist eine langjährige
Gewohnheit des Geistes, im konkreten Bereich zu bleiben. Wo
es nichts Konkretes gibt, hat der Geist das Gefühl, dass nichts
da ist.

Aber mit einigen weiteren Sitzungen beginnt der Geist diesen Zustand zu schätzen. Nachdem er ins Äußere zurückgekehrt
ist, möchte er wieder hinein. Mit zunehmender Praxis wächst
die Fähigkeit, sich in diesem abstrakten Bereich aufzuhalten.
Die Gewohnheit des Geistes, im Abstrakten zu bleiben, nimmt
zu. Seine Natur wird in größerem Maße erkannt – so sehr, dass
sie mit viel Praxis auch dann erkannt wird, wenn sich der Geist
nicht in diesem Zustand aufhält. Dann spricht man vom Zustand Kosmischen Bewusstseins.

*Frage: Es scheint, dass der Geist dieses Feld nicht mit Genau-
igkeit registriert. Würde er das, könnten wir es hinterher beschreiben. Aber wenn wir aus der Meditation herauskommen,
kann der Geist die Erfahrung nicht beschreiben.*

Maharishi: Der Geist kann sie in seiner eigenen Ausdrucks-
weise beschreiben. Manche Menschen benennen die Erfahrung
so, andere benennen sie anders. Der tatsächliche Zustand kann
nicht so beschrieben werden, dass ein anderer Mensch ihn
nacherleben kann, aber Worte können einen Eindruck davon

vermitteln. Wenn jemand sagt: »Oh, das ist sehr süß«, kann der Ausdruck von Süße einem anderen Menschen den genauen Geschmack dieser Süße nicht vermitteln, aber dennoch kann er ausgedrückt werden.

Frage: Wird in der Transzendentalen Meditation der Geist mit den Sinnen identifiziert?

Maharishi: Wenn wir äußere Objekte erleben, ist der Geist vollständig mit den Sinnen identifiziert, und die Sinne sind ein Mittel, um den Eindruck des Objekts auf den Geist zu übertragen. Jede Erfahrung von äußeren Objekten erfordert die Identifikation des Geistes mit den Sinnen.

Nun aber ist der Grad der Identifikation durch die Transzendentale Meditation verringert. Nehmen wir an, der Geist hat für einige Zeit eine Blume erfahren und dass nun ein geistiges Bild der Blume existiert. Nehmen wir nun an, dass Sie beginnen, über die Form zu meditieren, sodass Sie die Blume sehen, wenn die Augen geschlossen sind.

Wenn die Ohren verschlossen sind, wird der Klang mental wahrgenommen. Dies ist ein sehr subtiler Zustand der Sinneserfahrung. Wenn also jemand geistig »Blume« sagt, ist selbst die mentale Wiederholung von »Blume« eine Funktion des Sprachsinnes, aber dieser Sprachsinn arbeitet nun in seinem sehr subtilen Zustand. Wenn der Klang laut ist, dann arbeitet der Sprachsinn in seinem groben Zustand; wird er gedanklich wiederholt, arbeitet ein sehr subtiler Zustand des Sprachsinns.

Wenn die Blume in den gröberen Bereichen erfahren wird, identifiziert sich der Geist stärker mit ihr. Wenn der Gedanke auf viel feinere Ebenen reduziert wird, identifiziert sich der Geist mit diesen feineren Ebenen der Erfahrungsfähigkeit. Das meinen wir, wenn wir sagen, dass sich der Geist immer weniger mit den Sinneswahrnehmungen identifiziert. Wenn er sich also mit dem subtilsten Aspekt der Erfahrungsfähigkeit identifiziert, erwirbt er die Fähigkeit einen Zustand zu erreichen, in dem er sich nicht mehr mit Sinneswahrnehmungen, mit der Fähigkeit zur Erfahrung, identifiziert.

Frage: Ist das nur in der Transzendentalen Meditation der Fall?

Maharishi: Nur in der Transzendentalen Meditation, denn sie ermöglicht die direkte Erfahrung der subtilsten Ebene des Gedankens. Einen subtileren Zustand des Gedankens zu erfahren bedeutet, dass sich der Geist mit den subtilen Bereichen der Erfahrungsfähigkeit identifiziert. Die Identifikation ist daher viel geringer und schließlich, im Transzendenten, ist die Identifikation des Geistes mit dem Bereich der Erfahrungsfähigkeit gleich Null. Dann steht der Geist, ohne den Schatten von äußeren Objekten, für sich. Das wird als Reinheit des Geistes bezeichnet. Der Geist ist sozusagen von allen Unreinheiten befreit. Wenn alle Unreinheiten in das Transzendente gegangen sind, wenn der Geist seinen eigenen Status erlangt, dann ist der Geist rein. Ein reiner Geist bedeutet die Fähigkeit, bewusst zu sein. Diese Fähigkeit, bewusst zu sein, und Bewusstsein sind zwei verschiedene Dinge. Der Geist, als Geist, ist ein bewusster Geist, ist sich jedoch seines eigenen Bewusstseins bewusst.

Das Leben wird natürlicher und erfolgreicher

Frage: Würden Sie auch sagen, dass man nicht versuchen sollte, unerwünschte unangenehme Gedanken zu kontrollieren, wenn diese tagsüber auftauchen?

Maharishi: Wenn wir anfangen, die Gedanken zu kontrollieren, beginnen wir, sie zurückzudrängen und gegen sie zu kämpfen, und dann werden die Gedanken mächtiger. Wenn uns gesagt wird, wir sollen dieses oder jenes nicht denken, wird man ganz oft sagen: »Ich werde das nicht denken, ich soll das nicht denken«, und um es zu vergessen, wird man ständig daran denken. Was tun wir also? Seien Sie gleichgültig und nutzen Sie den Geist für etwas Sinnvolles. Und mit zunehmender Praxis der Transzendentalen Meditation nimmt das innere Glück zu, nimmt der Frieden zu und nimmt die Zufriedenheit zu. Auf ganz natürliche Weise bleibt nichts Ungutes im Bereich des Denkens, Sprechens oder Handelns, weil das Leben natürlicher wird. Natürliches Leben ist anständig und moralisch. Die Transzendentale Meditation beseitigt alle Arten unnatürlichen Lebens.

Frage: Beeinflussen alle Dinge die Art unserer Gedanken?

Maharishi: Ja, aber noch unverzichtbarer ist die Erfahrung des inneren Selbst. Für den Fortschritt der Seele könnte auf Kleidung, auf Nahrung, auf ziemlich viele Dinge verzichtet werden. Und auch wenn uns all diese Dinge umgeben, wird nichts ein Hindernis sein, wenn die Transzendentale Meditation da ist. Wenn alles da ist und wir mit allem materiellen Besitz versorgt sind, wird selbst dieser materielle Besitz kein Hindernis für den inneren Weg sein, der nichts mit dem Äußeren zu tun hat, weil die Meditation von der Ebene des mentalen Denkens ausgeht und bis zur Ebene der Seele reicht, der Ebene des transzendenten Seins. Die Technik, um alles auf der Welt zu erhalten, besteht darin, sich so sehr von allem zu lösen, dass dann, wenn man aus dem Denken an alles heraustritt, sich nicht nur das verwirklicht, sondern alles, was man sich vorstellen kann, verwirklicht wird.

Positives Denken liegt auf einer niedrigeren Ebene. Wenn man Brot will, denkt man an Brot; und wenn man weiter an

Brot denkt, wird man Brot bekommen. Ich stimme zu, dass Gedanken Kraft haben, wenn man immer wieder an eine Sache denkt. Man entwickelt eine viel größere Gedankenkraft, wenn man sich in das Feld des Schöpfers begibt, heraus aus dem ganzen Feld der Schöpfung. Es geht also nicht darum, an Brot zu denken, sondern in den Zustand des Seins zu gelangen, in das Feld des Schöpfers – »Komme in das Feld des Transzendenten.« – »Trachtet zuerst nach dem Reich Gottes«, allein diese Formel genügt, um alle Aspekte des Lebens zu verherrlichen und »so wird euch das alles zufallen.«

Frage: Kann man diese Meditation im normalen Leben ausüben?

Maharishi: Genauso leicht, wie das Eintauchen eines weißen Tuchs in gelbe Farbe. Ein weißes Tuch, das in gelbe Farbe getaucht wird, kommt gelb heraus. So kommt der Geist, nachdem er sich in den Zustand des Seins begeben hat, in dem er vollständig mit diesem Zustand verschmilzt, mit dem Status dieses Seins wieder heraus. Nur zu Beginn der Übung mag es womöglich nicht »farbecht« und beständig während der alltäglichen Aktivität sein.

Aber mit wiederholtem Eintauchen in das Innere verbleibt mehr und mehr von der göttlichen Qualität, bis die eigentliche Natur des Geistes transformiert ist. Dies kann im alltäglichen Leben leicht praktiziert werden; ein Eintauchen am Morgen und am Abend reicht aus, um die Anforderungen des ganzen Tages zu bewältigen.

Frage: Wird diese Praxis immer erforderlich sein?

Maharishi: Sie wird nicht mehr benötigt, wenn das Kosmische Bewusstsein kommt[6]. Wenn das weiße Tuch oft genug in

6 Siehe Fußnote Seite 54

gelbe Farbe getaucht wurde, muss es nicht mehr getaucht werden; die Farbe wird lichtecht und beständig. Sie wird nicht verblassen. Für einen kosmisch bewussten Menschen ist es nicht
länger erforderlich zu transzendieren, weil das Transzendente
an die Oberfläche seines bewussten Geistes gelangt ist.

Er schließt einfach die Augen und transzendiert. Wenn er
die Sinne nicht benutzen möchte, blendet er sie aus und ist im
Zustand des Seins. Es gibt keine Möglichkeit mehr zu reisen,
wie am Anfang durch die verschiedenen Ebenen zu gehen, vom
Groben zum Feinen zum Transzendenten, weil es nichts zu
transzendieren gibt! Dieser Mensch lebt das Transzendente die
ganze Zeit bewusst. Die Praxis der Meditation hat für ihn keine
Bedeutung mehr.

Zeitlose Tradition des Wissens

*Frage: Wurde dieses einfache System der Transzendentalen
Meditation erst jetzt entdeckt?*

Maharishi: Nein, es gibt nichts, was nicht zuvor existiert hat
und was nicht auch in der Gegenwart oder Zukunft existieren
könnte. Christus, Buddha, Krischna, alle Schriften offenbaren
die gleiche Methode.c

Christus sagt: »Trachtet zuerst nach dem Reich Gottes, so
wird euch alles zufallen.« Das Wort »zuerst« ist wichtig: das
Erste im Leben, das Erste während des Tages. »Tut dies zuerst,
so wird euch alles zufallen«, wurde zur Kraft einer Methode
gesagt, um den transzendenten Zustand des Seins zu erreichen.
Christus brachte das vergessene System, mit dem man das
Himmelreich im Inneren erreichen kann, ans Licht; und dann
»wird euch alles zufallen« – das Leben wird voller Freude sein,
glücklich, alle Wünsche werden erfüllt.

Krischna[7] lehrte das den verwirrten Arjuna vor 5.000 Jahren, als er sagte: »Arjuna, tritt heraus aus dem Bereich der drei Gunas« und gehe dorthin, wo es keine Verwirrung, Angst und Unentschlossenheit gibt, die du im Leben empfindest. Komm heraus aus dem Bereich der Relativität, und deine Taten werden tiefgreifender und erfolgreicher, du gewinnst den Kampf und befreist dich vom bindenden Einfluss des Handelns – Karma.

Buddha brachte die gleiche Botschaft zum Ausdruck: »Nirvana« – der Zustand der Freiheit, der ewige Glückseligkeit ist, wird direkt erreicht. Die Geschichte berichtet, dass zu seinen Lebzeiten Tausende durch ein einfaches Meditationssystem befreit wurden, das universell akzeptiert und ausgeübt werden konnte.

Daran ist nichts Neues, es kann nur leicht vergessen werden, und dann bringt es jemand wieder ans Licht. Eine Autobahn wird gebaut, und nach einiger Zeit ist sie abgenutzt. Dann wird sie instandgesetzt, und nach einiger Zeit nutzt sie sich wieder ab und wird erneut repariert. Das ist einfach der natürliche Kreislauf der Ereignisse.

Ich sehe nichts Neues in der Welt, die gleiche alte und uralte Erde, die gleiche alte Luft, das gleiche alte Wasser, die gleiche Art Menschen, die gleichen Schwierigkeiten, die gleiche immerwährende allgegenwärtige Glückseligkeit, den gleichen Gott, und das gleiche Leiden und das gleiche Glück wie eh und je. Aber wenn es erneut formuliert wird, tritt das Ganze wieder zu Tage und scheint neu zu sein.

Frage: Maharishi, ist diese Transzendentale Meditation sehr alt?

---

7 Siehe: Die Bhagavad-Gita, Kapitel 1–6, aus dem Sanskrit übertragen und neu kommentiert von Maharishi Mahesh Yogi, 1971.

Maharishi: Sehr alt. Die älteste Tradition. Wahrheit ist uraltes Wissen, und der Weg zur Verwirklichung der Wahrheit ist ebenfalls sehr alt. Nichts ist neu in dieser Welt.

Frage: Maharishi, glauben Sie, wenn ein Mensch mit Transzendentaler Meditation beginnt, wird ihm die Liebe automatisch zufließen und er wird überall Liebe sehen? Wird sie einen Menschen völlig verändern?

Maharishi: Transzendentale Meditation transformiert einen Menschen nach und nach vollständig.

Frage: Gilt das für alle? Ich sehe hier viele Menschen, die meditieren, aber sich anscheinend gar nicht verändert haben.

Maharishi: Das kann nicht sein.

Frage: Warum?

Maharishi: Es kann nicht sein, dass die Sonne aufgeht und die Dunkelheit bleibt. Ein Mensch meditiert nach diesem System und kann nicht derselbe bleiben. Wenn sich herausstellt, dass er derselbe bleibt, dann meditiert er nicht.

Das Erlangen des Glückseligkeitsbewusstseins

Frage: Warum ist dieses System der Transzendentalen Meditation so viel einfacher als andere Systeme?

Maharishi: Weil andere Systeme mit dem Geist ringen, während dieses System den Geist lockt, ihn einlädt, in eine bestimmte Richtung zu gehen, hin zu Glückseligkeit und Freude. Andere Systeme zwingen ihn in eine andere Richtung, die für ihn nicht natürlich ist, sie führen ihn in die Irre. Dieses System führt ihn direkt zum Reich Gottes im Inneren, ohne Drängen, ohne Zwang, ohne Druck.

Frage: Warum klingt es so einfach, wenn es von dort, wo wir anfangen, gar nicht so einfach ist?

Maharishi: Wenn man im Elend anfängt, erscheint der Anfang natürlich schwierig! Aber bezogen auf das Ziel ist der Anfang leicht. Der Anfang ist nur schwierig, wenn wir lediglich den Anfang betrachten!

Frage: Warum erscheint die Methode zugleich schwierig und so leicht?

Maharishi: Das ist die Natur der Welt. Das Licht und der Schatten der Dunkelheit, beide Gegensätze sind da. Es gibt den Nordpol und den Südpol. Konträre Kräfte, die einander entgegengesetzt sind, neigen dazu, sich gegenseitig zu neutralisieren. Die eine stellt die Gültigkeit der anderen ständig infrage, aber ihre Affinität ist tatsächlich so groß, dass die eine ohne die andere nicht existieren kann.

Frage: Aber diese Dualität ist doch nur eine Illusion, oder?

Maharishi: Wenn Dualität eine Illusion ist, dann wird Einheit nicht hergestellt werden. Beide haben ihren Wert; ohne Dualität hat Einheit keine Substanz.

Wie gesagt, das ist natürlich und beide sind wahr. Beide sind gegensätzlich in ihren Eigenschaften, und doch sind beide so voller Affinität, dass sie ohne den anderen nicht existieren können. So sehr, dass das eine nur das andere ist, und es keinen Unterschied gibt, aber dennoch ist der Unterschied so groß, dass das eine dem anderen überhaupt nicht gleicht. Hundertprozentige Vielfalt und hundertprozentige Einheit, die beide gleichzeitig ihre Aufgabe erfüllen – das ist die Natur des Schöpfungswerks. Das ist die wahre Realität. Das eine scheint unwirklich, das andere scheint real.

Die Realität ist, dass beide wahr sind, und die größere Wirklichkeit ist, dass beide gleichzeitig wahr sind. So wie Wasser wahr ist, ist auch Eis wahr. Aber beide sind einander völlig entgegengesetzt, und doch ist die Affinität so groß, dass das Eis ohne Wasser nicht existieren kann. So groß ist die Affinität, dass das Eis nicht nur nicht ohne Wasser existieren kann, sondern es ist Wasser und nichts als Wasser. Einheit und Vielfalt zugleich, und beides zusammen.

Frage: Wenn jemandem gezeigt wird, wie man meditiert, und derjenige eine gewisse Zeit praktiziert und dann aufhört, bleibt dann das, was er erreicht hat?

Maharishi: Wenn man ein Geschäft eröffnet und es jeden Tag weiterhin öffnet, erzielt man damit Gewinn, aber wenn man aufhört, das Geschäft täglich zu öffnen, wird der erzielte Gewinn allmählich aufgebraucht und nichts bleibt übrig. Das ist ganz praktisch gedacht. Wenn wir ein Geschäft eröffnen, kommt der Gewinn. Wenn wir es nicht öffnen, wird der Gewinn immer noch da sein. Sind wir in der Lage, den Gewinn zu erhalten und ihn nicht auszugeben, wird er uns immer gehören, aber wenn wir ihn ausgeben, wird er weg sein.

Frage: Wie könnte die Erfahrung, die wir gemacht haben, „aufgebraucht" werden?

Maharishi: Um dies zu beantworten, betrachten wir den Prozess, wie sie gewonnen wurde. Wenn sie erlangt wurde, indem wir uns von der groben Erfahrung zurückzogen und in die subtile Erfahrung eintraten und uns schließlich vollständig von der äußeren Welt zurückzogen und zu unserem eigenen Selbst gelangten, dann wurde die Erfahrung unseres eigenen Selbst gewonnen, als wir vollständig von der äußeren Welt zurückgezogen waren. Wenn sich der Geist vollständig zurückzieht und in den Zustand des Transzendenten gelangt, dann wird der Geist zum Transzendenten. Der individuelle Geist wird zu hundert Prozent zum kosmischen Geist.

Beim Herauskommen aus der Transzendentalen Meditation werden diese hundert Prozent nicht mitgebracht, denn in der Welt der Sinneserfahrung ist der Geist in das Relative vertieft. Der Geist muss die materiellen Objekte erfahren, wie z. B. eine Blume. Der Eindruck der Blume wird wiederum auf den Geist übertragen. Jetzt gibt es zwei alternierende Eindrücke.

Wenn der Geist sich vollständig zurückgezogen hat, dann war der Eindruck des ewigen, göttlichen, absoluten Glückseligkeitsbewusstseins hundertprozentig. Wenn der Geist herauskommt, ist er vom Bild der Blume geprägt, so dass das Reine Bewusstsein beeinflusst wird. Im zurückgezogenen Zustand war das Bewusstsein rein, wie der reine, ruhige, farblose Zustand eines Kristalls. Bringt man diesen in die Nähe eines Objekts, reflektiert die Farbe des Objekts auf dem Kristall, und der Kristall befindet sich nicht in seinem reinen, farblosen, ruhigen Zustand, er wird von dem Objekt beeinflusst.

Die gleiche Analogie gilt für unseren Geist. Wenn wir von der Welt zurückgezogen sind, befindet sich der Geist in seinem farblosen Zustand. Wenn wir wieder herauskommen, stellen wir fest, dass der Geist verunreinigt ist – gelb, weiß oder schwarz, was auch immer die Reflexion sein mag. Das absolute Reine Bewusstsein bleibt nicht rein, der Einfluss äußerer Erfahrungen macht es zu einem gemischten Bewusstsein.

Wenn also die Ausübung der Transzendentalen Meditation gerade erst beginnt, zieht sich der Geist zurück, füllt sich, und kommt dann wieder heraus, behält aber nicht viel, weil er lange Zeit, seit vielen, vielen Jahren, von der äußeren Welt beeinflusst wurde und sich an dieses und jenes gewöhnt hat. Wir ziehen uns zurück, aber der Geist ist mit diesem Reinen Bewusstsein nicht vertraut, sodass er mehr oder weniger in seinem ursprünglichen Zustand herauskommt, in dem die Blume den Geist vollständig eingenommen hatte.

Obwohl das Bewusstsein im zurückgezogenen Zustand zu hundert Prozent Bewusstsein war, behält der Geist als Ganzes vielleicht ein, zwei, drei, vier oder fünf Prozent des Reinen Bewusstseins, wenn er herauskommt. Angenommen, es sind fünf Prozent, dann ist der Einfluss der äußeren Objekte zu 95 Prozent real, und die Wirklichkeit des absoluten Glückseligkeitsbewusstseins beträgt lediglich fünf Prozent.

Mit der Ausübung wächst es, aber wenn wir nicht meditieren, wird das Wachstum beeinträchtigt, und es wird nicht nur das Wachstum beeinträchtigt, sondern der Geist wird allmählich diese fünf Prozent verlieren, wenn er mehr und mehr dem Einfluss der äußeren Objekte ausgesetzt ist, denn der innere Einfluss war nur kurzzeitig und der äußere Einfluss ist konstant, ununterbrochen. Daher ist es notwendig, dass der Geist nicht ständig mit der äußeren Erfahrung beschäftigt ist.

Man sollte sich eine Zeit lang nach innen zurückziehen und zum absoluten Glückseligkeitsbewusstsein gelangen, sodass der Geist mit diesem Bewusstsein vertraut wird. Wenn er sich daran gewöhnt, wird er immer mehr davon bewahren.

Es wird eine Zeit kommen, in der einhundert Prozent dieses Reinen Bewusstseins hervorgebracht werden. Mit anderen Worten: Der Geist wird nicht mehr durch die Einwirkung des Objekts beeinflusst. Die Reflexion des Objekts wird bei fünf Prozent liegen und der Status des absoluten Glückseligkeitsbewusstseins wird 95 Prozent betragen. Mit der Praxis werden schließlich einhundert Prozent des Reinen Bewusstseins auftauchen, und die Reflexion des Objekts ist dann nur eine oberflächliche Spiegelung dieses Bewusstseins, wie eine Linie auf dem Wasser. Wenn das geschieht, ist kein Rückzug nach innen mehr notwendig, dann geht nichts mehr verloren – hundertprozentiger voller Gewinn. Dann hat der Geist seine volle Kapazität.

Wenn das Reservoir voll ist, sollte man es überlaufen lassen, aber solange es nicht überläuft, besteht die Gefahr, dass das Wasser im Reservoir knapp wird. Auf diese Weise wird es vergeudet, und so beginnen wir, es ständig zu verlieren. Der Gewinn erfolgte, als sich der Geist aus dem Außen zurückzog. Beim Herauskommen behielt er nicht einhundert Prozent, weil er durch die Einwirkung der äußeren Objekte beeinflusst wurde. Der Einfluss des Äußeren reduziert also die Reinheit des Bewusstseins.

Das Reine Bewusstsein wird in seinem Status verringert, und wenn wir die ganze Zeit im Außen sind, wird die Reinheit immer mehr beeinträchtigt. Wenn wir nach innen gehen, erzielen wir einhundert Prozent Reinheit. Beim Herauskommen bleiben davon fünf Prozent erhalten. Wenn wir nicht wieder hineingehen, laufen wir Gefahr, die beim Zurückziehen gewonnenen fünf Prozent zu verlieren. Auf diese Weise könnte die Erfahrung, die wir gewonnen haben, aufgebraucht werden.

Frage: Wie lange wird es dauern, bis die absolute Glückseligkeit eintritt?

Maharishi: Das ist keine Frage der Zeit. Man spürt sie gleich von Anfang an. Manche Menschen erleben es früher als andere. Das hängt davon ab, wie korrekt die Anweisungen ausgeführt werden. Man muss nur wissen, wie man den Geist korrekt ausrichtet. Es gibt keinen Grund, warum man nicht schnell und sofort zur Wahrheit gelangen sollte.

Frage: Gelingt es der intellektuelleren Person schneller?

Maharishi: Nicht unbedingt. Intellektuelle kommen normalerweise sehr gut zurecht, obwohl ich nicht sagen würde, dass es auf den Intellekt zurückzuführen ist. Trägheit des Geistes ist das Hindernis. Ob man nun lesen und schreiben kann oder nicht, jeder hat die gleichen Chancen, solange die Anweisungen korrekt befolgt werden.

Frage: Das Glück, von dem Sie sprechen, ist nicht das, was wir üblicherweise als Glück bezeichnen. Beziehen Sie sich auf den absoluten Grad des Glücks?

Maharishi: Absolutes Glück ist das Ergebnis einer langen Praxis der Transzendentalen Meditation, aber eine graduelle Zunahme des Glücks wird von Anfang an im täglichen Leben spürbar sein. In den ersten Stadien sind wir mit der Zunahme der Intensität des Lichts befasst, dem zunehmenden Grad des Glücks. Dadurch wird sichergestellt, dass wir in die richtige Richtung gehen, hin zum vollkommenen Glück, dem absoluten Zustand.

Verherrlichung des inneren und äußeren Lebens

Frage: Muss man etwas aufgeben, um das zu erreichen?
Maharishi: Was soll aufgegeben werden? Wir wenden uns nur nach innen und kommen dann wieder heraus. Nichts muss aufgegeben werden. Wissen Sie, ein Mann, der in einer kleinen Hütte lebt und in einen Palast übersiedelt – das betrachten wir nicht als Verlust der Hütte. Weil ein Palast gewonnen wird, ist es kein Verlust. Wenn ein Mann mit seinem Beruf zufrieden ist und 10.000 Dollar im Jahr verdient, und dann versetzt wird, um jährlich eine Million Dollar zu verdienen, was hat er dann verloren? Es ist kein Verlust von 10.000, sondern eine zusätzliche Million Dollar.

Also betrachten wir es nicht als Verlust. Damit ist gemeint, dass man einfach eine Weile dasitzt, es genießt, und dann herauskommt. Es muss nichts aufgegeben werden.

Die Theorie des Verzichts und die Theorie der Loslösung sind nicht für weltliche Menschen. Wissen Sie, wenn die Glückseligkeit allgegenwärtig ist, das Himmelreich einfach im eigenen Inneren ist, dann sollte das, was in mir ist, ganz natürlich gelebt werden, selbst wenn die Augen die äußeren Herrlichkeiten der Welt genießen. Das, was in mir ist, sollte auf natürliche Weise gelebt werden, auch wenn die Augen eifrig damit beschäftigt sind, die äußeren Herrlichkeiten der Natur zu genießen.

Manche Menschen vertreten die Meinung: »Lass dies sein, und dann erhältst du jenes, verlasse die Freuden der Welt, um die Freude der Seele zu erlangen«, und so weiter. Sie sagen: »Lösche dieses Licht, denn wie kannst du helles Sonnenlicht im Raum haben, wenn du das nicht tust?«

Das ist eine schlechte Logik. Ich sage, bleibt in diesem Licht und öffnet mit seiner Hilfe die Tür, und helles Sonnenlicht wird hereingelassen. Um helleres Licht hereinzulassen, muss man nur die Tür öffnen und nicht das Licht ausschalten.

Wer sagt, dass man der Welt entsagen solle, denkt, die Herrlichkeit der Welt sei groß, und wie könnte der Geist sich dem Bereich geringerer Herrlichkeit zuwenden, wenn die größere Herrlichkeit nicht ausgelöscht wird. Er geht also davon aus, dass die Welt herrlicher und die Herrlichkeit Gottes viel geringer als die Herrlichkeit der Welt sei. Deshalb muss die größere Herrlichkeit der Welt gemieden werden, damit der Geist die geringere Herrlichkeit Gottes annehmen kann. Die Theorie der Loslösung beruht nur darauf, dass die Welt herrlich und faszinierend ist und den Geist verzaubert, und wenn man nicht die Türen der Welt schließt, wie kann man das Göttliche genießen? Es ist offensichtlich eine schlechte Logik. Der Bereich des Göttlichen ist wie das helle Sonnenlicht draußen. Der Bereich der Welt ist wie das elektrische Licht im Raum.

Wir bleiben im Bereich der Welt und genießen all die Herrlichkeiten des materiellen Lebens, und dabei öffnen wir einfach die Tür nach innen. Dann ist die Wahrnehmung für einige Zeit nach innen gerichtet – nur für einen kurzen Moment, für ein paar Minuten, um einzutreten , und das genügt bereits.

Weltliche Dinge zu erreichen dauert lange, weil es Objekte der Außenwelt sind, und was weiter von uns entfernt ist, benötigt mehr Aufmerksamkeit. Aber was im Inneren liegt, erfordert nur, dass wir nach innen gehen, das Innere ein paar Minuten genießen und dann wieder herauskommen.

Es gibt zweierlei zu beachten: Einerseits muss nichts in der Welt aufgegeben werden; wir brauchen nicht üben, alles loszulassen. Das andere, was viel wertvoller ist, ist die Tatsache, dass die Welt durch das Licht des inneren Selbst immer strahlender und heller wird. Die materiellen und spirituellen Werte gehen nicht nur Hand in Hand; mit der Erfahrung des inneren Lebens verschönern sich die äußeren Herrlichkeiten noch mehr.

Frage: Entspricht es Ihrer Erfahrung, dass man im Alltag automatisch asketischer wird, wenn man dieses größere Glück erlangt, oder muss das Bewusstsein dafür geschult werden?

Maharishi: Asket! Oh nein! Askese beruht nur darauf, dass man nicht in der Lage ist, die richtigen Werte im Leben zuzulassen. Ein Mensch wird zum Asketen, weil er den Eindruck hat, dass die äußere Welt größere Anziehungskraft hat und dass die innere Herrlichkeit verloren geht, wenn er in der äußeren

Anziehungskraft verweilt. Also wendet er sich Gott zu und entsagt der äußeren Welt. Das ist nur auf einen Mangel an richtigem Wertgefühl für Gott und die Welt zurückzuführen. Wenn der Geist stabiler wird, entwickeln sich richtige Werte. Keine Über- oder Unterbewertung einer Sache, einfach ein richtiges Wertgefühl.

Frage: Braucht man nicht auch etwas Religion? Darf ich zum Beispiel einen Vergleich anstellen? Ihre alltägliche Lebensweise ist aller Wahrscheinlichkeit nach vollständig auf die Lebensweise der Mönche zurückzuführen; die Werte allein wären vielleicht nicht so erfolgreich gewesen.

Maharishi: Es gab eine Zeit, als ich keine richtigen Werte für das Leben hatte. Ich dachte, man müsse auf die Welt verzichten und erst dann werde Gott kommen. Mit dieser Einstellung wurde ich zum Asketen, und später stellte ich fest, dass diese Einstellung falsch war.

Diese Transzendentale Meditation kann jedem Menschen zugänglich gemacht werden. Jeder Mensch, was auch immer er sein mag, kann damit beginnen: hineingehen und herauskommen. Das ist alles. Es ist also nur notwendig hineinzugehen und herauszukommen. Und wenn man herauskommt, ist die Welt weder verloren gegangen noch aufgegeben worden, sondern es verschwindet nur die Unfähigkeit, und die Fähigkeit nimmt zu, und mit einer größeren und verbesserten Fähigkeit kann man die Welt viel besser genießen.

Man brachte mich zu einem College irgendwo in Indien und ich sprach zu den Studenten. Sie hatten schon recht oft vom Leben der Heiligen gehört, denn der Schulleiter war ein sehr religiöser Mann. Und so wurde jeder Heilige, der das College besuchte, zu den Studenten gebracht. Ich sagte ihnen, dass ich nicht gekommen sei, um ihnen zu sagen, sie sollten nicht mehr ins Kino gehen, sondern um ihnen zu zeigen, wie sie das Kino noch mehr genießen können!

Wenn man zum Beispiel in der Klasse durchgefallen ist und dann mit dem Ärger im Kopf ins Kino geht, kann man den Film nicht genießen, aber wenn man bestanden hat, dann kann man den Film viel mehr genießen. Der Film mag derselbe sein, aber wenn der Geist bereits glücklich ist, dann genießt man den Film umso mehr. Wenn der Geist bereits deprimiert ist, kann man nicht einmal den besten Film genießen. Hier ist die Technik, den Geist glücklich zu machen, so dass man das Glück der verschiedenen Dinge auf der Welt viel besser genießen kann. Das ist alles.

Selbst ein Schüler, der Cricket spielen will, zieht einen leichten Anzug, ein Hemd und passende Schuhe an, wenn er zum Cricketfeld gehen möchte. Er verbringt die ersten fünf oder zehn Minuten damit, sich passend umzuziehen, damit er das Cricketspiel besser genießen kann. Wenn ihm beigebracht wird, nicht nur seine Kleidung zu wechseln, sondern auch eine fröhliche Stimmung zu erzeugen, bevor er auf das Cricketfeld geht, wird er zehn Minuten darauf verwenden, eine fröhliche Stimmung zu schaffen. Dann wird er das Spiel noch mehr genießen, und er wird Feuer und Flamme sein.

Wenn man ihn bittet, nicht auf das Cricketfeld zu gehen, sondern in die Kirche zu gehen und dort zu meditieren, wird er das tun. Er geht in die Kirche und meditiert. Man bittet ihn, seine Augen zu schließen und seine Gedanken abzuschalten. Es wird schwierig. Man sieht nur Dunkelheit und der Geist wabert in alle Richtungen. Man bittet ihn, zwei Stunden oder eine Stunde oder eine halbe Stunde so zu sitzen. Er vergleicht das, was er in einer halben Stunde erreicht hätte, mit dem, was er an Spaß auf dem Cricketfeld hätte haben können.

Ein intelligenter Mensch kann hier keinen positiven Reiz erkennen. Er hätte sich eine halbe Stunde lang auf dem Cricketfeld oder mit was auch immer vergnügt; zumindest hätte er positive Freude dabei gehabt. Ab dem nächsten Tag wird er nicht mehr in der Meditation sitzen, er wird auf das Feld gehen, um Cricket zu genießen.

Aber wenn man ihn die Transzendentale Meditation lehrt und ihm zeigt, wie man erfolgreich meditiert, ihn glücklich macht und zum Lachen bringt, dann geht er und muntert alle seine Freunde auf dem Cricketfeld auf und wird das Cricket noch mehr genießen, weil er noch mehr Punkte erzielen möchte. Es ist ein Weg, um fähig zu werden, um glücklicher und lebendiger zu werden, und jeder wird sich dafür begeistern.

Über Glauben und Religion

Frage: Sie sagen, dass man an die Meditation glauben, »Vertrauen« in sie haben muss und nicht daran zweifeln darf. Es scheint ein sehr schmaler Grat zwischen Glauben und Zweifeln zu sein.

Maharishi: Nein. Zweifel können da sein, solange auch ein gewisser Glaube vorhanden ist; dann werden die Zweifel von der Kraft des Glaubens mitgetragen. Kein Glaube und nur Zweifel, dann wird es sehr schwer sein. Zweifel werden ausgeräumt mit der praktischen Erfahrung der Transzendentalen Meditation: einmal, zweimal, dreimal, und die Zweifel sind nicht mehr spürbar.

Es mag Fragen geben, die sich auf die Transzendentale Meditation selbst beziehen, aber diese werden durch die in der

Transzendentalen Meditation gewonnene Erfahrung beantwortet. Wenn die Fragen intellektueller Natur sind, können sie nur durch intellektuelle Analysen befriedigt werden; und diese können Sie möglicherweise nicht vollständig lösen.

Niemand ist ohne Glauben, niemand ist frei von Zweifeln. Deshalb nehmen wir einen Menschen so, wie er ist. Niemand ist ohne Glauben, weil der Wunsch, mehr Freude am Leben zu haben, mehr zu wissen, mehr Macht zu haben, mehr Frieden, glücklicher zu sein, beim Menschen natürlich ist. Und das gibt ihm eine Grundlage für den Glauben – der Wunsch nach mehr. Dieser Glaube reicht aus, um mit der Transzendentalen Meditation zu beginnen. Also weisen wir niemanden zurück, weil er keinen Glauben zu haben scheint. Wie kann jemand keinen Glauben haben, wenn er aus Glauben erschaffen ist? Die Tatsache, dass er einen Körper hat, hat es ihm ermöglicht, das Leben zu genießen, und wenn er dann mehr genießen möchte, ist das ein ausreichendes Anzeichen für Glauben.

Frage: Ist der Glaube an Gott notwendig, um meditieren zu können?

Maharishi: Ob ein Mensch an Gott glaubt oder nicht, er wird meditieren und sich an der Glückseligkeit der Transzendentalen Meditation erfreuen können. Wenn er meditiert und glücklich wird, wird er anfangen, an Gott zu glauben. Transzendentale Meditation hilft also dem Glauben an Gott, aber der Glaube an Gott ist keine Voraussetzung für die Transzendentale Meditation.

Frage: Maharishi, spielt es eine Rolle, wenn man nicht speziell in einer bestimmten Religion verwurzelt ist?

Maharishi: Ob ein Mensch religiös ist oder nicht, er hat so oder so den Wunsch zu genießen. Der Wunsch, mehr zu genießen, reicht aus, um den Geist nach innen zu ziehen. Religion oder keine Religion spielt keine Rolle. Wenn er beginnt, zufrieden zu sein, dann beginnt er ganz natürlich religiös zu sein. Wenn er ein religiöser Mensch war, dann wird er auf eine recht religiöse Weise tiefgründiger sein. Wenn er kein religiöser Mensch ist, wird er anfangen, sich gemäß den Geboten der Religion zu verhalten, auch wenn er nicht das Etikett einer Religion trägt. Das bedeutet, dass er einfach eine sehr gute Moralphilosophie haben wird.

Frage: Wenn man absoluten Glauben hätte, würde man dann auch ein absolutes Ergebnis in der Transzendentalen Meditation haben?

Maharishi: Absoluter Glaube kann nur im Zustand des Absoluten entstehen! Absoluter Glaube oder absoluter Nichtglaube sind beide ein und derselbe Zustand, der Zustand des absoluten Seins. Im Feld des Absoluten ist das Absolute von diesem auch das Absolute von jenem – das Absolute der gesamten Relativität.

Frage: Es scheint mir, dass der Glaube hier überhaupt keine Rolle spielt. Entweder es funktioniert oder es funktioniert nicht. Wenn es funktioniert, weiß man es; das ist Glaube.

Maharishi: Und wenn es nicht funktioniert, dann weiß man, das ist weniger Glaube!

Frage: Und was passiert, wenn man ständig durch Agnostizismus behindert wird?

Maharishi: Das spielt keine Rolle. Man wird an einen Punkt kommen, an dem man sich dem Bereich des größeren Glücks zuwendet. Ein Mensch ist Agnostiker, warum? Weil er sieht, dass er auf diese Weise mehr Spaß hat. Also wird er zum Agnostiker. Für ihn ist Agnostizismus ein Pfad zu größerem Glück.

Frage: Man kann unglücklich und agnostisch sein.

Maharishi: Dann wird das momentane Unglücklichsein eines Agnostikers, wenn er dadurch agnostisch bleibt, ihn doch in der Hoffnung halten, dass es letztendlich zu größerem Glück führt. Es wird seinem momentanen Unglücklichsein ein Ende bereiten und ihn zu größerem Glück führen. Daher ist Agnostizismus für ihn nur ein Pfad zu größerem Glück.

Frage: Ich kann nicht verstehen, warum jemand glücklich sein kann, Agnostiker zu sein.

Maharishi: Ein gottesfürchtiger Mensch hält den Weg zur Kirche für den Weg, auf dem er glücklicher sein könnte – gut! Ein Agnostiker wendet sich von der Kirche ab und ist der Ansicht, dass der Austritt aus der Kirche der Weg zu größerem Glück ist.

Gottverwirklichung

Frage: Wie kann ein Agnostiker Gottverwirklichung erreichen?

Maharishi: Indem er einigen Menschen zuhört, die sie erreicht haben und die bereit sind, ihm den Weg zu weisen. Wenn er ihnen zuhört, und wenn er ein wenig mehr zuhört und analysiert, beginnt er zu glauben. Es könnte so sein: »Versuchen wir es, was kann es schon schaden?« Sobald er das sagt: »Lasst es uns versuchen, was schadet es?«, gerät er in die »Falle«[8] und wenn er dann die richtige Anleitung bekommt, die ihn auf diesen Weg führen könnte, wird der Glaube aufgrund der Erfahrung sogleich wachsen.

Frage: Wer braucht Ihrer Meinung nach diese Erfahrung?

---

8 Der Pfad der Gottverwirklichung kann als eine göttliche „Falle" bezeichnet werden, da jeder Schritt des Vorankommens erfüllend ist.

Maharishi: Jeder, der diese Erfahrung noch nicht gemacht hat, braucht sie.

Frage: Und woher bekommt man sie?

Maharishi: Man bekommt sie von den Menschen, die anderen davon erzählen.

Frage: Indem man zum Beispiel in die Kirche geht?

Maharishi: Indem man in die Kirche geht, wenn die Geistlichen der Kirche den Weg weisen können.

Frage: Oftmals sind die Geistlichen nicht erfolgreich.

Maharishi: Das spielt keine Rolle, einige sind sicher erfolgreich. Wenn einer nicht erfolgreich ist, können andere es sein.

Frage: Und wenn man das Stadium des Agnostizismus erreicht, in dem man den Erfolg von Geistlichen nicht erkennt, und beschließt, eine distanzierte Haltung einzunehmen, wie sollte dann der Weg zum Erreichen des Glücks aussehen?

Maharishi: Wenn man einmal eine distanzierte Haltung gegenüber den sogenannten Dienern Gottes eingenommen hat, ist die Welt grenzenlos. Man hat Diener Gottes aus diesem Bereich gesehen und niemanden gefunden, der in der Lage wäre, zu führen. Man wendet sich ab, und sobald man weiß, dass das größte Glück gefunden werden muss – entweder hier oder dort oder wo auch immer – woher es kommt, spielt keine Rolle, aber es sollte kommen.

Wenn man weiter sucht, wird man auf etwas, auf jemanden stoßen, das oder der einen Hinweis geben wird. Möglicherweise kommt man so voran.

Frage: Es fällt mir schwer, das zu akzeptieren. Aber Sie sagen, dass man das Glück hier, dort oder überall finden kann. Wenn man jedoch darüber nachdenkt, bezweifelt man die Möglichkeit, an verschiedene Gottheiten zu glauben.

Maharishi: Es ist nicht notwendig, an all die verschiedenen Gottheiten zu glauben. Es ist nur notwendig, irgendwie an eine zu glauben und zu dieser zu gelangen.

Frage: Aber selbst dann, wenn man es fast geschafft hat, könnte man vielleicht an der Richtigkeit, an diesen bestimmten Gott zu glauben, zweifeln.

Maharishi: Nein. Die Erfahrung lässt keinen Zweifel aufkommen. Jemand sagt: »Hier ist das Kraftwerk«, und was sind Anzeichen für ein Kraftwerl? Die Helligkeit des Lichts, schön! Der Name ist bekannt, die Zeichen sind bekannt, man geht in diese Richtung. Wenn man so vorgeht, wenn man das findet, gut! Es stimmt mit der Beschreibung überein, die man uns gab.

Frage: Und bleibt man dort?

Maharishi: Nach Belieben. Entweder bleibt man dort oder man kommt heraus und geht wieder hinein oder man macht das, was man möchte. Es geht lediglich darum, mit diesem Bereich vertraut zu werden.

Frage: Es gibt so viele philosophische Erklärungen von Fakten, die irreführend sind, so viele verschiedene Denkschulen, die sich widersprechen. Wie können wir wissen, was wahr ist?

Maharishi: Fakten sind Wahrheiten; Philosophie ist wahr. Die Studenten mögen streiten, aber Philosophen streiten nie!

Frage: Könnte man sagen, dass die Philosophie keine Rolle spielt, dass es das Ergebnis ist, auf das es ankommt?

Maharishi: Die Ergebnisse müssen auf einer soliden Grundlage stehen, sonst werden sie als Hirngespinst abgetan – eine Illusion.

Frage: Ich glaube nicht an Gott, aber ich akzeptiere Ergebnisse. Wie kann ich davon überzeugt werden, dass die Ergebnisse von Gott kommen?

Maharishi: Überzeugen ist nicht notwendig, das Ergebnis Gottes ist bereits da!

Frage: Die Ergebnisse mögen da sein, aber ich stelle ihren Ursprung in Frage.

Maharishi: Aber Sie können nicht leugnen, dass die Ergebnisse von irgendjemandem, von irgendwoher stammen.

Frage: Irgendwoher ja, aber nicht unbedingt von jemandem.

Maharishi: Sehr gut. Wenn von irgendwoher, dann bedingt »irgendwoher« eine bestimmte Zeit, einen bestimmten Ort, der als der Ursprung von allem ein allmächtiger, überaus kraftvoller Ort sein muss.

Frage: Man mag die Macht verehren, aber nicht den Ort.

Maharishi: Der Ort könnte alles sein, ein genau bestimmter Punkt oder ein Raum. Aber er muss allmächtig, überaus kraftvoll sein. Lassen Sie uns das genauer untersuchen. Wäre der Ort ein genau bestimmter Punkt, ein Raum, ein Kasten, dann wäre er leer, und können all diese so systematisch gestalteten konkreten Objekte aus einem leeren Raum entstehen? Es muss eine ausgefeilte Planung und eine erfolgreiche Ausführung des Plans geben. Deshalb scheint die Quelle, der Ort, dem alles entstammt, über einen geschickt planenden Geist und gute Ausführungsressourcen zu verfügen. Wir können sagen, dass dieser Ort ein Geist zu sein scheint. Und wenn er ein Geist ist, dann muss er ein allmächtiger und allwissender Geist sein. Damit dieser Geist auf der menschlichen Ebene funktionieren kann, muss er durch das Nervensystem und die Sinne des Menschen wirken.

Nehmen wir den Sehsinn: Es schadet nicht, sich diese Quelle, diesen allwissenden Ort als das absolute Auge vorzustellen, das vollkommene Auge, das alles auf einmal sehen kann. Und wenn wir dieser allmächtigen Quelle außerdem die Kraft des Hörens zuschreiben, dann sind die Ohren perfekte Ohren; perfekte Arme, perfekte Glieder. Wenn es von der menschlichen Ebene aus betrachtet wird. Um sehen, hören und tätig werden zu können, ist der Mensch mit allem ausgestattet, was dazu erforderlich ist.

Also muss die Quelle all dessen einen vollkommenen Geist, vollkommenes Sehvermögen und einen vollkommenen Körper haben, nicht etwa einen leeren Raum oder einen genau bestimmten Punkt, aber es könnte so etwas wie ein Mensch sein, ein vollkommener Mensch! Was kann es schaden, so zu denken?

Frage: Es ist nachteilig für mich, denn den Ergebnissen nach zu urteilen, glaube ich nicht, dass er perfekt ist. Ich bin mir sicher, dass ich ein Universum nach humaneren Richtlinien schaffen könnte, weniger Leid, weniger Schmerz.

Maharishi: Dann gibt es keine Beständigkeit in Ihrem Universum.

Frage: Wir brauchen keine Beständigkeit.

Maharishi: Oh! Dann können Sie überhaupt nichts systematisch ausführen. Dann herrscht nur Chaos. Wenn Sie zum Beispiel in Ihrem Universum Feuer berühren, wird es Sie nicht verbrennen. Genauso können Sie Reis zum Kochen auf das Feuer setzen und das Feuer kocht ihn nicht gar!

Frage: Aber es gibt doch auch Leute, die über Feuer gehen, und das Feuer verbrennt sie nicht.

Maharishi: Auch das ist das Werk der allmächtigen Natur. Das, was unter bestimmten Umständen heiß ist, ist unter anderen Umständen auch kühl. Wenn Sie also die gleiche Situation herbeiführen, werden Sie feststellen, dass diese bereits vorhanden ist! Ein kleiner Geist wird nur eine halbe Welt erschaffen; unfähig, das Ganze zu sehen, sieht er nur Teile des Ganzen.

Inneres Glück verleiht Stärke und Stabilität

Frage: Glauben Sie, dass der Einfluss der Nahrung von Bedeutung für den Geist ist? Und wie wirkt sich das auf die Meditation aus?

Maharishi: Sie hat eine Bedeutung. Die Nahrung beeinflusst den Geist, die Umgebung beeinflusst den Geist, alles beeinflusst den Geist. Die Nahrung hat große Bedeutung für den Geist, einen großen Einfluss auf den Geist, aber dieses System der Transzendentalen Meditation ist so beschaffen, dass es den Einfluss einer besonderen Nahrung oder einer besonderen Umgebung nicht braucht. Diese Meditation basiert auf der natürlichen Fähigkeit des Geistes, sich in einen Bereich größeren Glücks zu begeben. Der Geist eines jeden Menschen geht auf natürliche Weise hin zu einem Bereich größeren Glücks. Das ist die Grundlage dieser Meditation. Wir kehren einfach den Prozess der Erfahrung um. Die Technik der Transzendentalen Meditation ist nur die Technik, mit der man beginnt, nach innen zu schauen, und wenn man das getan hat, geht der Geist von selbst weiter, denn im Inneren liegt das größere Glück, das allein ausreicht, um den Geist anzuziehen.

Wenn ein Mensch beginnt, nach innen zu gehen und wieder herauskommt, dann kommt er vernünftiger heraus; dann isst er vernünftiger, lebt vernünftiger, und in dem Maße, wie die innere Anziehung zunimmt, wächst auch die äußere Sensibilität, und der Mensch wird in jeder Hinsicht ein besserer Mensch.

Frage: Sie meinen, er wird wissen, wie er mit den Dingen umzugehen hat?

Maharishi: Er weiß es.

Frage: Sie meinen, er weiß, was gut und was schlecht ist?

Maharishi: Jeder Mensch weiß, was gut und was schlecht ist, nur ist nicht jeder in der Lage, am Guten festzuhalten und auf das Schlechte zu verzichten, weil er der Versuchung aus innerer Unzufriedenheit heraus nicht widerstehen kann. Er fällt den Versuchungen zum Opfer; wenn aber das innere Glück da ist, kann keine noch so große Versuchung einen Menschen in die Irre führen. Alles Gute im Leben beginnt ganz natürlich zu fließen, und deshalb haben äußere Faktoren keinen Einfluss auf den Menschen. Nur ein paar Minuten Transzendentale Meditation am Morgen und am Abend, und dann tun Sie, was Sie wollen, essen Sie, worauf Sie Lust haben.

Transzendentale Meditation und ihre Vorteile

Frage: Was ist mit dem Thema der Meditation – sollen wir über eine reale Idee oder einen realen Gegenstand nachdenken?

Maharishi: Jede Idee ist an sich eine materielle Sache. Eine Idee scheint abstrakt zu sein, ist es aber nicht. Sie ist der subtile Zustand der Materie. Der Klang, den die Ohren hören, ist grobe Materie. Er ist etwas sehr Positives. Das subtile Feld dieser positiven Materie ist der Gedanke an diesen Klang, und der Gedanke hat wiederum seine subtileren Stufen. Der Vorgang der Transzendentalen Meditation besteht darin, den subtilen Zustand des Gedankens zu erfahren, damit noch feinere Zustände des Gedankens erfahren werden können, bis der feinste Zustand des Gedankens erfahren und dann transzendiert wird. Wenn der feinste Zustand des Gedankens transzendiert ist, bleibt der Denkende in der Selbst-Erleuchtung sich selbst überlassen. Die Technik der Transzendentalen Meditation besteht darin, die feineren Phasen des Denkens zu erkennen. Der Gedanke, den man nimmt, ist der eines Mantras[9], weil dessen Schwingungen viel nützlicher sind als die Schwingungen des üblichen Denkens.

Frage: Wie verhält es sich im Fall einer Person mit einer psychischen Störung, deren Geist überhaupt nicht erreicht werden kann? Die Person ist wie tot, und der Geist woanders.

Maharishi: Die Toten können wiederbelebt werden! Sie leben in ihrer eigenen imaginären Welt, in der alles andere unwichtig ist. Es hängt davon ab, wie viel Interesse man hat und wie viel Zeit man aufwendet. Ärzte in psychiatrischen Kliniken könnten viel Gutes bewirken, wenn sie eine begrenzte Anzahl von Patienten und mehr Zeit hätten.

Frage: Könnten hier Übungen helfen?

Maharishi: Einige Yogaübungen helfen dabei, den Körper beweglich zu halten. Das ist gut für die Gesundheit und erleichtert so die Transzendentale Meditation. Aber Transzendentale Meditation erledigt das ganz natürlich. Sie braucht keine Übungen. Wenn der Körper steif ist, wird die Transzendentale Meditation ihn auf natürliche Weise lockern.

Frage: Einige der größten Denker hatten einen schlechten Gesundheitszustand und einen schwächlichen Körper.

Maharishi: Sie nutzten ihren Geist nicht, um den Körper zu verbessern. Hätten sie ihre Aufmerksamkeit auf den Körper gerichtet, hätten sie vielleicht gute Körper entwickelt. Davon abgesehen sollte ein guter Geist natürlich auch einen guten Körper haben.

---

9 Das Mantra sollte von einem qualifizierten Lehrer von Maharishis Programm der Transzendentalen Meditation empfangen werden. Siehe auch S. 115-120 und S. 158.

Frage: Jemand, der kürzlich die Transzendentale Meditation erlernt hat und unter Kopfschmerzen litt, stand mit den üblichen Kopfschmerzen auf und beschloss zu meditieren. Nach einer halben Stunde waren die Kopfschmerzen völlig verschwunden. Ist es das, was man erwarten kann?

Maharishi: Ja, wenn die Meditation tief[10] ist, verschwinden alle Kopfschmerzen und Spannungen. Daran gibt es keinen Zweifel. Transzendentale Meditation entspannt sofort und die Kopfschmerzen verschwinden. Migräne – ein Mann litt zwanzig Jahre lang ständig unter Kopfschmerzen und war dann nach drei bis vier Tagen völlig schmerzfrei. Und wenn nicht in Tagen, dann in ein, zwei, drei Wochen. Transzendentale Meditation beseitigt sie einfach.

Frage: Wie wirkt sich Meditation auf die Sorgen des Menschen aus? Ist sie mit mehr oder weniger Anstrengung verbunden?

Maharishi: Transzendentale Meditation ist mühelos, wenn auch ein wenig Anstrengung erforderlich ist, damit zu beginnen. Der Vorgang läuft von selbst ab und erfordert keinerlei Anstrengung oder Zwang. Es ist ein angenehmer Gang des Geistes durch Aufmerksamkeit hin zu wachsendem innerem Glück, ganz natürlich, denn das Himmelreich ist im Inneren.

Draußen in der Welt herrscht Elend, daher ist es für den Geist natürlich, nach innen zu größerem Glück zu gehen. Gleich von Anfang an fühlt man sich besser. Sorgen verlieren ihren Einfluss auf den Geist; man kann sich über sie erheben. Aber es muss Teil der täglichen Routine werden, morgens und abends, um den Rest des Tages harmonisch und erfolgreich zu gestalten.

Frage: Ist es gefährlich, zu lange auf einmal zu meditieren?

------

10 Zutiefst ruhig und erholsam

Maharishi: Zu viel von allem ist nicht klug. Wenn wir die erforderliche Menge an Nahrung zu uns nehmen, werden wir gestärkt, aber wenn uns diese Stärke dazu ermutigt, im Übermaß zu essen, dann verkehrt sich dieser Prozess ins Gegenteil und erzeugt Schwäche. Alles sollte im richtigen Verhältnis stehen. Ähnlich ist es, wenn wir, um den Körper vor Kälte zu schützen, warme Kleidung tragen. Aber wenn wir ständig weitere Kleidungsstücke übereinander schichten, wird es lästig und unangenehm. Das, was bequem und angenehm war, wird zur Qual.

Frage: Bevor ich mit der Transzendentalen Meditation begonnen habe, bin ich herumgehetzt und gerannt, jetzt gehe ich ohne Eile. Nehme ich das Leben zu leicht?

Maharishi: Wenn das Leben aufhört, ein Kampf zu sein, dann sollte es so sein. Herumrennen erzeugt nur Verspannungen. Transzendentale Meditation führt zu einer natürlichen Auflösung von Verspannungen in uns selbst und in unserer Umgebung.

Frage: Ich stelle auch fest, dass mich die Transzendentale Meditation von meinem kleinen Ego weg in einen Zustand des Glücks führt.

Maharishi: Das stimmt. Alles, was glücklich macht, führt uns weg vom kleinen Ego. Aber Transzendentale Meditation bringt sogar noch größeres Glück und größere Verspannungen werden abgebaut, und man findet Glück in allen Dingen, nicht nur in Musik und Kunst.

Frage: Wir neigen dazu, einen Menschen, der seinen Kummer in Alkohol ertränkt, für einen glücklichen Menschen zu halten, weil er glücklich aussieht.

Maharishi: Das ist nur die Meinung der anderen. Er sieht vielleicht glücklich aus, und man mag ihn für glücklich halten, aber nur er selbst weiß, dass er unglücklich ist und versucht, seinen Kummer zu vergessen, indem er ihn verdeckt. Unzufriedenheit ist die Ursache allen Unglücklichseins. Transzendentale Meditation beseitigt die Ursache der Unzufriedenheit, indem der Geist großes Glück erfährt. Nur ein zufriedener Geist kann glücklich sein.

Frage: Kann Transzendentale Meditation auch Fettleibigkeit normalisieren?

Maharishi: Transzendentale Meditation normalisiert den Körper, aber bei einer extrem übergewichtigen Person lässt sich nicht sagen, wie lange es dauern wird oder wie viel Gewicht sie verlieren kann. Das System funktioniert nicht normal, aber die Transzendentale Meditation neigt dazu, die Maschinerie – die physiologische Funktion – zu normalisieren. Das wurde in vielen Fällen beobachtet.

Frage: Welche Wirkung hat die Transzendentale Meditation auf das Rauchen?

Maharishi: Viele Raucher haben berichtet, dass nach zwei oder drei Tagen der Meditation der Drang zu rauchen nicht mehr so stark war wie zuvor und dass sie im Laufe des Tages weniger Zigaretten geraucht haben. Raucher sagen, dass es sehr schwierig ist, sich zu zwingen, diese Gewohnheit aufzugeben. Wenn man das Verlangen hat zu rauchen, dann raucht man, aber wenn man dieses Verlangen nicht mehr hat, dann raucht man auch dann nicht, wenn man nichts Besseres zu tun hat.

Frage: Macht die Transzendentale Meditation aus einem Maler einen besseren Maler?

Maharishi: Oh ja, seine Wahrnehmung ist besser. Der Maler ist besser, der Ingenieur, der Dichter, der Schriftsteller – alle werden besser sein, weil der Geist an Tiefe gewinnt.

Frage: Wird Transzendentale Meditation Eifersucht oder andere Übel dieser Art überwinden?

Maharishi: Das ist keine Frage der Überwindung. Überwindung bedeutet, dass man sich anstrengen muss, um sie zu unterdrücken. Man wird sie einfach nicht vorfinden. Eifersucht, Lieblosigkeit und solche negativen Emotionen sind nur auf die innere Unzufriedenheit eines Menschen zurückzuführen, die wiederum nur darauf beruht, dass er keine Möglichkeit findet, größeres Glück zu erlangen.

Man möchte ein bestimmtes Objekt erwerben, aber da man dazu nicht in der Lage ist, entsteht Unzufriedenheit. Aber derjenige, der es erwerben kann, wird zufrieden. Wenn man zufriedener wird, wird man auch weniger grausam. Grausamkeit und Untugenden entstehen aus innerer Unzufriedenheit. Je größer die Unzufriedenheit, desto größer die Untugenden. Transzendentale Meditation führt den Geist in das Feld der Zufriedenheit – ewige Glückseligkeit.

Frage: Angenommen, eine sechsköpfige Familie wäre wirklich zerstritten, würde die Transzendentale Meditation das in Ordnung bringen?

Maharishi: Lassen Sie sie mit der Transzendentalen Meditation beginnen, auch nur drei von ihnen oder auch nur einen. Lassen Sie einen von ihnen meditieren und er beginnt, Schwingungen des Glücks und des Friedens auszusenden. Die anderen werden davon beeinflusst. Wenn ein zweiter zu meditieren beginnt, wird das sofort eine fünfzigprozentige Wirkung haben. Die Wirkung ist sofort da, denn es ist nicht so, dass der andere sich irrt, sondern es ist so, dass dieser Mensch nicht in der Lage ist, zu verstehen, was der andere sagen will. Der eine sagt etwas, und der andere versteht das Gegenteil davon.

Frage: Hilft die Transzendentale Meditation, persönlichen Neid und andere negative Gefühle zu überwinden?

Maharishi: Alle Ambitionen und Wünsche werden sich erfüllen, so dass negative Gefühle nach und nach verschwinden.

Frage: Hilft die Transzendentale Meditation dabei, weniger launisch zu werden?

Maharishi: Durch die Transzendentale Meditation erwerben wir die Gewohnheit, über den Dingen und Stimmungen zu stehen. Wir sind nicht mehr von Stimmungsschwankungen abhängig. Wir stehen darüber. Wir entwickeln einen Appetit auf die Erfahrung der Wirklichkeit, und während diese Erfahrung wächst, spielt die Einheit eine immer größere Rolle in unserem Leben. Solange wir noch voll in der Vielfalt stecken, erleben wir auch verschiedene Stimmungen – sehr positive und stabile Stimmungen für jeden einzelnen Teil der Vielfalt.

Frage: Haben wir eine Wahl zwischen Glücklichsein und Unglücklichsein?

Maharishi: Ja, das ist eine Frage der Wahl. Durch Transzendentale Meditation hört das Unglücklichsein auf natürliche Weise auf. Im Zustand Kosmischen Bewusstseins steht man über dem Einfluss von Sünde und Tugend. Selbst wenn man unglücklich sein will, liegt das außerhalb der eigenen Kontrolle. Genau wie ein Samen – wenn er geröstet ist, kann er nicht mehr keimen.

Frage: Wie heilt die Transzendentale Meditation das Unglücklichsein?

Maharishi: Indem sie zum Glück führt! Genauso wie ein Schalter ein Heilmittel für Dunkelheit ist, weil er zum Licht führt. Legen Sie den Schalter um, und die Dunkelheit ist nicht mehr da. Es ist also nicht nötig, sich anzustrengen, um das

Unglücklichsein zu beseitigen. Hier irren die modernen Psychologen, wenn sie versuchen, das Unglücklichsein der Menschen hervorzuholen. Denn das Hervorholen und Aufdecken des persönlichen Unglücklichseins wird kein Ende finden! Es wäre das Gleiche, als würde man versuchen, die Dunkelheit aus einem Raum zu vertreiben, damit man das Licht genießen kann. Das mag logisch klingen, aber so funktioniert das nicht. Anstatt zu versuchen, die Dunkelheit zu beseitigen, richten wir unsere Aufmerksamkeit einfach auf das Licht.

Wir arbeiten daran, das Glücklichsein zu verstärken. Wenn das Glücklichsein zunimmt, verschwindet das Unglücklichsein automatisch. Auf einen Schlag erreichen wir zwei Ziele: Wir wollen glücklich sein und das Unglücklichsein loswerden Beide Aspekte halten sich die Waage. Selbst wenn es uns gelänge, das Unglücklichsein zu erkennen und zu beseitigen, würde immer noch der andere Aspekt vernachlässigt: das Erzeugen des Glücks. Wir hätten also nichts als harte Arbeit. Mit der Transzendentalen Meditation erledigen wir beides mit einem Abwasch. Sie bringt auf einen Schlag das Glück hervor und kümmert sich nicht darum, das Unglücklichsein zu beseitigen. Sie misst ihm einfach keine Bedeutung zu.

Frage: Warum klingt das so einfach?

Maharishi: Weil es einfach ist. Ein Raum mag fünfzig Jahre lang im Dunkeln gelegen haben, aber schalten Sie das Licht ein, und die Dunkelheit ist verschwunden! Menschliches Leid ist nicht notwendig. Wir frösteln in der Kälte auf der Veranda, nur weil wir nicht die Wärme des Wohnzimmers genießen. Es gibt keinen Grund zu frösteln. Gehen Sie hinein und genießen Sie die Wärme. Die Veranda dient der Abwechslung, aber wenn wir die ganze Zeit auf der Veranda bleiben, dann geht der Zweck, die Abwechslung, verloren. Wir fangen an zu frösteln, und aus Freude wird Leid. All die Vielfalt und die unterschiedlichen Erfahrungen auf der Welt sind um der Abwechslung willen da, wenn man sie genießen will. Gehen Sie hinaus und genießen Sie alle Aspekte, aber nur für einige Zeit.

Einige Zeit drinnen und einige Zeit draußen – Einheit des Lebens und Vielfalt des Lebens, beides Hand in Hand, sind notwendig, um alle Werte des Lebens zu genießen. Manchmal sind wir also im Licht und manchmal in der Dunkelheit, entsprechend unseren Bedürfnissen. Wir akzeptieren den Wert der Dunkelheit – sie ermöglicht uns zu schlafen –, aber wenn wir arbeiten wollen, dann ist Licht notwendig. Wenn wir die Vielfalt genießen wollen, gehen wir hinaus auf die Veranda; und wenn wir die Einheit genießen wollen, dann gehen wir nach innen.

Frage: Aber lernen wir nicht durch Kontrast? Unglücklichsein ist notwendig, um das Glück zu verstehen.

Maharishi: Ich glaube nicht, dass wir die Dunkelheit brauchen, um das Licht zu verstehen. Das ist kein nennenswerter Aspekt des Wissens. Wir genießen das Licht, und die Dunkelheit ist nicht notwendig.

Frage: Stimmen Sie der Ansicht zu, dass es für ein Kamel leichter ist, durch ein Nadelöhr zu gehen, als für einen reichen Mann, in das Reich Gottes zu gelangen?

Maharishi: Der reiche Mann, der selbstgenügsam ist, der so viel Reichtum besitzt, dass er nicht das Bedürfnis hat, mehr zu verdienen, ist nicht motiviert, einen weiteren Schritt in Richtung größerer Freude zu machen. Wenn eine Person nicht motiviert ist, das Leben mehr zu genießen, dann mag ein Kamel durch ein Nadelöhr gehen, diese Person aber nicht! Man muss motiviert sein, mehr zu wollen. Man muss suchen und immer weiter suchen, aber das Suchen wird verhindert, wenn ein Gefühl der Selbstgenügsamkeit vorhanden ist.

Frage: Wäre es korrekt zu sagen, dass man so leben sollte: nicht fühlen, nicht denken, sondern nur erfahren?

Maharishi: Oh, nein! Das gilt nur während der Transzendentalen Meditation. In der übrigen Zeit nutzen wir die Emotionen, den Intellekt und alles andere. Wenn wir eine Blume sehen, halten wir uns nicht zurück und schauen. Wir gehen nicht halb nach außen und halb nach innen und sind dann weder ganz im Außen noch ganz im Innen, genießen weder die Herrlichkeit der Vielfalt noch die Glückseligkeit der Einheit. Wir bleiben nicht irgendwo dazwischen hängen, das ist ein sehr gefährlicher Zustand. Das führt nur dazu, dass unser Wahrnehmungsvermögen abstumpft. Sowohl die inneren als auch die äußeren Wahrnehmungsfähigkeiten stumpfen ab.

Es gibt philosophische Schulen, sogar hier in London, die den Leuten beibringen, sich in sich zurückzuziehen und gleichzeitig die Wahrnehmung der äußeren Umgebung beizubehalten. Das hat zu einer Unterdrückung ihrer Handlungs- und Wahrnehmungsfähigkeit geführt. Sie fühlen sich in sich zurückgezogen, aber sie sind nur oberflächlich auf der mentalen Ebene zurückgezogen. Ihr Rückzug ist nicht der Zustand des transzendentalen Seins.

So eine Vorgehensweise ist sehr schlecht. Wer das lehrt, tut es aus Unkenntnis der schädlichen Folgen seiner Lehre. Die Technik sollte sein: Wenn wir im Außen sind, sollten wir ganz im Außen sein, und wenn wir nach innen gerichtet sind, sollten wir ganz nach innen gerichtet sein. Nur dann erreichen wir das transzendentale Sein und genießen seine Herrlichkeit. Das ist

Transzendentale Meditation. Gehe hinein und sei Es; komme heraus und genieße die Welt. Dieses künstliche Hervorrufen von Stimmungen in der Welt ist eine falsche Lebensart.

Frage: Was hält einen davon ab, regelmäßig zu meditieren?

Maharishi: Es kann daran liegen, dass man nicht versteht, welche Wirkungen, welchen Nutzen man damit erzielen kann. Ein Beispiel: Nehmen wir an, Sie haben ein Geschäft, das einhundert Dollar Gewinn am Tag einbringt, und jemand schlägt vor, ein neues Geschäft zu eröffnen, das einen größeren Gewinn abwirft. Begreift man die Vorteile, die sich daraus ergeben, schätzt man die Möglichkeiten im neuen Geschäft.

Oder nehmen wir an, ein Mensch, der mit einer Arbeit belastet ist, die normalerweise sechs Stunden in Anspruch nimmt, erledigt diese, nachdem er meditiert hat, schneller und besser in vier Stunden. Er wird regelmäßig meditieren wollen, wenn er sich an den Vorteil erinnert und ihn nicht vergisst.

Man muss für die Transzendentale Meditation keinen Plan erstellen. Mitten beim Arbeiten, mit dem Stift in der Hand, beginnen Sie einfach dort, wo Sie sind. Wenn Sie versuchen, einen Plan zu machen und die Menge der zu erledigenden Arbeit zu berücksichtigen, finden Sie die Arbeit möglicherweise so faszinierend und fesselnd, dass Sie sie nicht unterbrechen oder beenden wollen. Dann schließen Sie einfach die Augen und beginnen. Diese Meditation führt zu größerer Energie, größerer Klarheit des Geistes, größerer Effizienz; die Arbeit macht mehr Spaß und ist nicht nur Gewohnheit. Transzendentale Meditation ist sehr vonnöten, besonders für vielbeschäftigte Menschen.

Frage: Wenn Menschen überhaupt nicht meditieren, wird dann irgendetwas durch äußere Erfahrung gewonnen? Ist das nicht eine schnelle oder kurze Methode der Entwicklung?

Maharishi: Im Außen erlangen sie die Weisheit des Außen. Ein Mensch wächst heran vom Kind zum Jugendlichen bis hin zum Alter. Je älter er wird, desto mehr Erfahrung sammelt er, und er wird auf der bewussten Ebene weiser. Aber im Hinblick auf die Entfaltung der höheren Bewusstseinsebenen – das heißt, zur Reinheit oder zum Himmelreich im Inneren zu gelangen – sind alle seine weltlichen Erfahrungen ohne Bedeutung.

Frage: Maharishi, darf ich etwas fragen, das sich im Vergleich zu dem, was Sie bisher gefragt wurden, vielleicht auf einem eher einfachen Niveau bewegt? Wenn wir in dieser sehr relativen Welt auf Böses oder Grausames oder etwas in der Art treffen, wie können wir dem am besten entgegentreten, so wie wir sind?

Maharishi: Transzendentale Meditation bringt die Fähigkeit mit sich, dem Bösen auf die wirksamste Weise mit der geringsten Auswirkung auf uns gegenüberzutreten. Man sollte sich ihm nur ganz leicht entgegenstellen, und nicht zulassen, dass es hinterher irgendeine Wirkung auf uns hat. Wenn schon nicht »keinen Effekt« dann wenigstens den »geringsten Effekt«. Auf diese Weise begegnen wir dem Bösen. Es ist nur eine Frage der Kultivierung des Geistes.

Wenn wir wollen, dass ein Mensch gut an der Wasseroberfläche schwimmen kann, geben wir ihm nach einigen Lektionen im Schwimmen auch Tauchunterricht. Und wenn er in der Lage ist, sich in tiefen Gewässern zu behaupten, dann wird ihm das Schwimmen an der Oberfläche leicht fallen. Um also Dinge materieller Natur erfolgreich angehen zu können, erziehen oder kultivieren wir den Geist.

Aber die Fähigkeit, sich mit den Dingen an der Oberfläche des Bewusstseins auseinanderzusetzen, wird größer, wenn wir die Aufmerksamkeit den tieferen Ebenen des Ozeans des Geistes zuwenden. Und wenn der Geist in der Lage ist, sich dem abstrakten Absoluten – dem transzendenten Absoluten – zu stellen, dann wird die Konfrontation mit allem im gröberen Bereich zum Kinderspiel.

Deshalb bringt die Transzendentale Meditation eine sehr große Fähigkeit mit sich, allem Erdenklichen im Feld der Vielfalt gegenübertreten zu können.

Wenn es schwierig wird, sich Dingen subtilerer Natur auf der groben Ebene des Bewusstseins zu stellen, weil der Geist die ganze Zeit über an den groben Bereich der Natur gewöhnt war, dann befähigt das Erreichen des Absoluten den Geist, sich allem im relativen Bereich erfolgreich zu stellen, wie subtil es auch sein mag.

Konfrontation ist ganz natürlich. Ohne Anstrengung werden die Dinge angegangen, und mit der geringsten Auswirkung auf den Geist, weil der Geist im Sein gegründet ist. Transzendentale Meditation bringt die größte Fähigkeit, sich Konfrontationen zu stellen. Durch die Praxis der Konfrontation, lediglich in der groben Schöpfung, wird die Fähigkeit, sich mit etwas auseinanderzusetzen, nicht sehr groß.

Frage: Maharishi, Sie sagen, dass man jemandem nahe sein muss, um zu verstehen, wie sein Geist funktioniert. Aber manchmal muss man mit Menschen zusammenleben, und man glaubt zu wissen, wie sie denken. Und dann merkt man plötzlich, dass das nicht so ist. Wie kann man zu solchen Menschen Affinität entwickeln?

Maharishi: Durch Transzendentale Meditation, die Toleranz entwickelt, stören Sie sich nicht an den Fehlern, die andere begehen. Für Nähe ist es wichtig, dass man beginnt, die Fehler zu tolerieren, so wie man anfängt, die falsche Aussprache von Kindern zu schätzen, wenn sie zu sprechen beginnen. Selbst wenn ihre Aussprache falsch ist, freut man sich daran. Wenn Sie also jemandem nahe sein und ihn lieben wollen, fangen Sie an, sein Fehlverhalten mehr zu schätzen als sein richtiges Verhalten. Wenn Sie anfangen, Freude an seinem Fehlverhalten zu finden und dieser Freude auch Ausdruck zu verleihen, wächst die Liebe und die Nähe nimmt zu.

Liebe kennt keinen Grund, sie kennt keine Unterscheidung. Akzeptiere den anderen so, wie er ist. Und diese Art von Sensibilität und Anpassungsfähigkeit nimmt mit der Transzendentalen Meditation zu, weil Meditation den Geist zur Zufriedenheit bringt. Wenn der Geist zufrieden ist, dann sorgt man sich nicht. Nichts verärgert einen, nichts macht einem etwas aus.

Frage: Aber wie kann man sie zufrieden machen?

Maharishi: Indem Sie Ihre Zufriedenheit bei ihnen erkennbar werden lassen. Sie können sie auch zufrieden machen, indem Sie sie zur Transzendentalen Meditation anregen.

Frage: Ja, aber das ist leichter gesagt als getan.

Maharishi: Nein, wenn ein Mensch Zufriedenheit will, sollte er meditieren. Und wenn ich ihn durch mein Zutun zufrieden machen will, dann sollte ich am besten anfangen, Zufriedenheit in meinem Verhalten und in meiner Beziehung zu ihm auszudrücken. Das kann ich von meiner Seite aus problemlos tun.

Frage: Aber manchmal irritiert das den anderen nur. Er versteht nicht, warum ich so zufrieden bin und er nicht.

Maharishi: Oh! Behalten Sie Ihre Zufriedenheit nicht für sich. Lassen Sie sie in Ihrem Verhalten ihm gegenüber erkennen. Wenn Sie für sich bleiben und das Gefühl haben: »Ich selbst bin zufrieden und mit dem anderen habe ich nichts zu tun«, dann irritiert das den anderen. Aber wenn Sie ihn an Ihrer Zufriedenheit teilhaben und sie zu ihm fließen lassen, bringt Zufriedenheit ihm gegenüber Liebe hervor. Das ist alles, was ich tun kann, damit der andere zufrieden wird – meine Zufriedenheit widerspiegeln. Damit ich dem anderen meine Zufriedenheit widerspiegeln kann, muss ich mir Mühe geben, damit er sieht, dass ich zufrieden bin und diese Zufriedenheit sich auch auf ihn überträgt. Andernfalls, wenn ich selbst zufrieden bin und nichts mit dem anderen zu tun habe, weil ich zufrieden bin, macht ihn das eifersüchtig und unglücklich. Wenn ein Mensch dem anderen Zufriedenheit verschaffen will, sollte er seine Zufriedenheit deutlich zum Ausdruck bringen. Lassen Sie diese Zufriedenheit ein Mittel sein, die beiden zu einen und nicht, sie zu trennen.

Frage: Maharishi, wo kommt die Erinnerung ins Spiel? Wie kommt es, dass manche Menschen ein sehr gutes Gedächtnis haben und sich an viele Erfahrungen in ihrem Leben erinnern können, während andere sich nicht erinnern können?

Maharishi: Beides hat seinen Wert im Leben. Die Erinnerung verbindet die Gegenwart mit der Vergangenheit. Eine gewisse Verbindung der Vergangenheit mit der Gegenwart scheint unerlässlich zu sein. Wenn Sie sich nicht an die Dinge von gestern erinnern, machen Sie heute weiter, das ist in Ordnung.

Aber wenn man sich die ganze Zeit an die Vergangenheit erinnert und die Kapitel der Vergangenheit – tausend Jahre und tausend Leben – aufschlägt, tötet das die Gegenwart. Daher kann die Erinnerung, die ein Bindeglied zwischen der Gegenwart und der Vergangenheit ist, sowohl nützlich als auch schädlich sein.

Frage: Manche Menschen können sich an den Tod von Julius Caesar erinnern – sie haben ihn im Gedächtnis, sie haben es in

der Schule gelernt – und manche Menschen haben ihn vergessen.
Ist das etwas Schlechtes?

Maharishi: Glücklich sind diejenigen, die vergessen können.
Was nützt es, sich daran zu erinnern? Zu viel Erinnerung an die
Vergangenheit tötet die Gegenwart.

*Frage: Ich wünschte, ich könnte mich an alle Ihre Vorträge
erinnern.*

Maharishi: All das würde zu einer Last werden. Wenn Sie
sich aus all den Vorträgen nur daran erinnern, dass das Leben
Glückseligkeit ist, und dies durch die Transzendentale Meditation verwirklichen, müssen Sie sich an nichts weiter erinnern.

*Frage: Aber wenn ein Schauspieler sich seine Rolle nicht mer-
ken kann, dann wird er keinen Erfolg haben.*

Maharishi: Diese Art von Gedächtnis entwickelt sich mit der
Transzendentalen Meditation.

Transzendentale Meditation ist universell –
von Vorteil für jeden

Frage: Sie sagten, es bestehe die Möglichkeit, dass die Transzendentale Meditation innerhalb von neun Jahren jeden Menschen auf der Welt erreichen könnte. Aber wie ist es möglich, die Menschen im kommunistischen China[11] und an vielen anderen Orten zu erreichen, die sich in einer ähnlichen Situation befinden, wo die Regierung eine Art von Diktatur ist?

Maharishi: Die Regierungen sind in ihrer Politik nie gleich. Die Politik verändert sich ständig. Diese Art der Meditation hat sie noch nicht erreicht, sonst wären sie die ersten in der Welt, die sie anwenden, weil sie wollen, dass ihre Leute energiegeladener und produktiver sind, und die Transzendentale Meditation leistet genau das problemlos. Sie macht einen Menschen energievoller, kreativer, friedlicher, glücklicher – und ein vernünftiger Anführer möchte, dass seine Anhänger das haben.

Frage: Das Problem ist: Sie wollen nicht, dass die Menschen friedlich sind, sie wollen nicht, dass sie sich Gott zuwenden.

Maharishi: Nein, die Welt wird klüger.

Frage: Maharishi, wenn wir in ein kommunistisches Land gehen, oder auch hier in England oder sogar in Indien, sind viele Menschen einfach nicht daran interessiert.

Maharishi: Nicht interessiert, weil sie nichts darüber wissen. Solange sie nichts wissen, können sie sich erlauben, desinteressiert zu sein.

Frage: Aber was ist, wenn sie sagen, dass sie nichts wissen wollen?

---

11 Transzendentale Meditation wurde 1982 in der Volksrepublik China eingeführt.

Maharishi: Dann werden sie die Umstände zum Wissen nötigen. Wenn andere Menschen beginnen, ihr energetisches, friedliches und schöpferisches Potential zu erhöhen, dann können sie ihre Augen nicht länger davor verschließen.

Frage: Gut, aber, was die kommunistischen Ländern angeht, bin ich mir nicht so sicher.

Maharishi: Überall ist es das Gleiche. Der Mensch möchte besser sein, an jedem Ort, in jedem Land. Allmählich werden die Regierungen die Bedeutung der Transzendentalen Meditation verstehen und sie in ihre Politik aufnehmen und in den Schulen und medizinischen Hochschulen verbreiten, und es wird im Land keine psychischen Krankheiten mehr geben. Die glücklichsten Menschen auf der Welt sind diejenigen, die mit der Transzendentalen Meditation begonnen haben, und ich denke, mittlerweile haben viele Menschen auf der ganzen Welt mit dieser Meditation begonnen.

Frage: Sogar die Russen?

Maharishi: Oh! Es ist keine Frage der Nationalität oder dergleichen; es ist eine Frage des Einzelnen. Sitze morgens und abends in Meditation und sei glücklich. Es ist jederzeit möglich, diese Transzendentale Meditation in Russland einzuführen. Es ist überall möglich. Jeder Zeitpunkt ist genauso gut wie jeder andere.

Frage: Solche Ideen wären in Russland[12] niemals erlaubt.

Maharishi: Ich kann jeden Tag in jedem Land anfangen, wenn ich möchte. Transzendentale Meditation befriedigt die Bedürfnisse eines jeden Menschen. Ich muss ihn nur im Hinblick auf seine Bedürfnisse ansprechen. Wenn es mir widerstrebt, dann ist es etwas anderes. Ich kann jede Atmosphäre aufbrechen,

______

12 Transzendentale Meditation wurde 1989 in Russland eingeführt.

106

jede Gegebenheit überwinden. Wenn ich nicht bereit bin, die Botschaft zu übermitteln, dann ist es etwas anderes.

Frage: Die Geheimpolizei in Russland würde Ihnen kein Visum ausstellen. Sie würde Ihnen das nicht erlauben. Wie können Sie sich so sicher sein?

Maharishi: Transzendentale Meditation ist unabhängig von der Persönlichkeit. Sie ist um ihrer eigenen Ergebnisse willen wirksam. Sie steht auf ihrem eigenen Fundament. Sie braucht weder Unterstützung noch Empfehlung. Ich glaube nicht an Empfehlung, das ist nicht nötig. Sie ist eine augenscheinliche Wahrheit, die von jedem erfahren werden kann.

Vollständige Freiheit im Zustand des Seins

Frage: Wenn eine Erfahrung gemacht wird, identifiziert sich der Geist mit dem Objekt der Erfahrung und ist gebunden. Wie wird diese Identifikation in der Transzendentalen Meditation aufgehoben?

Maharishi: Gut! Das ist eine sehr schöne Frage! Wie wird diese Identifikation durch die Transzendentale Meditation verringert? Nun, solange das Leben andauert, müssen sich Körper und Geist in unterschiedlichen Umständen befinden, und die Eindrücke, die auf den Geist einwirken, sind zahllos. Unzählbar sind die Umstände, die der Körper durchleben muss. Wie ist es dann möglich, im Laufe eines Lebens in einem solchen Zustand zu sein, dass die äußeren Umstände und Schwingungen und die inneren Eindrücke nicht aufeinandertreffen und erneut eine Handlung[13] verursachen? Das ist die Frage, wie Transzendentale

---

13 Siehe auch »Karma ist Ursache und Wirkung«, Seite 126. Buchempfehlung hierzu: Maharishi Mahesh Yogi: Die Wissenschaft vom Sein und die Kunst des Lebens, 1967. 3. Teil: Die Kunst des Lebens, Kapitel „Leben in Freiheit"

Meditation diesen Zustand herbeiführt. Nun, es sind die äußeren Schwingungen, die das innere Begehren anregen.

Der Geist befand sich im Bereich der groben Erfahrung. Alle groben Erfahrungen bringen sofort Eindrücke hervor und lösen eine Handlung aus. Während der Transzendentalen Meditation zieht sich der Geist aus dem Bereich der groben Erfahrung zurück. Der Geist ist wach, jedoch nicht in dem Bereich der Erfahrung, der den Eindruck hervorrufen kann, sondern wach im subtilen Bereich der Erfahrung. Das ist der Vorgang, der es dem Geist ermöglicht, in einem Bereich wach zu sein, in dem er es den äußeren Umständen nicht erlaubt, irgendwelche Eindrücke von innen hervorzubringen.

Schließlich wird der Geist völlig wach, in einem Zustand, der frei von äußeren Erfahrungen ist, und wenn im transzendentalen Zustand keine Möglichkeit besteht, dass äußere Umstände einen Eindruck hervorbringen, dann ist der Geist im Zustand der Freiheit, nicht gebunden. Zuvor war er durch das Zusammenwirken des inneren Eindrucks und der äußeren Umstände gebunden. Jetzt hat er sich vollständig von der äußeren Erfahrung befreit und befindet sich daher in einem Zustand völliger Freiheit.

Dies ist die Schulung des Geistes, sich von der Gebundenheit an die Umstände und der Gebundenheit an die inneren Erfahrungen zu befreien; der Geist wird darin geübt, in Freiheit zu sein. Dann wird ihm erlaubt, in seinen ursprünglichen Zustand der täglichen Aktivität zurückzukehren, und in diesem Zustand erzeugt er wiederum einige Aktivität, denn während des Übungsprozesses muss sich der Geist in dem ihm vertrauten Bereich befinden. Dann erreicht er den anderen Bereich – Transzendentales Bewusstsein, mit dem er nicht vertraut ist, den Bereich völliger Freiheit – und kehrt erneut in den Bereich der Gebundenheit zurück.

Dieser Zustand völliger Freiheit ist der Seinszustand des Geistes; dadurch erlangt der Geist die Fähigkeit, seine Bewusstheit aufrechtzuerhalten. Der Geist erwirbt die Fähigkeit, in zunehmendem Maße lebendig zu sein, selbst wenn die Umstände so sind, dass sie die Eindrücke aus dem Inneren hervorholen – das ist Freiheit. Der Zustand der Freiheit nimmt im Geist immer mehr zu. Obwohl der Geist äußere Objekte erfährt, sind die Schwingungen von außen nicht so stark, dass sie die Eindrücke aus dem Inneren hervorrufen.

Mit Übung gelangt der Geist auf diese Weise immer mehr in einen Zustand der Freiheit und gewinnt zunehmend an Stärke, um nicht von äußeren Umständen beeinflusst zu werden, die innere Eindrücke hervorrufen. Selbst wenn die äußeren Umstände vorhanden sind, ist keine Ausgewogenheit zwischen beiden möglich, weil der Geist immer mehr in einem Zustand der Freiheit gegründet ist.

Auf diese Weise schafft die Transzendentale Meditation eine Situation, in der es den äußeren Umständen nicht gelingt, die verborgenen Eindrücke hervorzurufen. Es gibt keinen Raum für die äußeren Umstände, um neue Eindrücke im Inneren zu schaffen. Die Erfahrung wird zwar da sein, aber die neuen Eindrücke werden wie eine Linie auf dem Wasser sein. Der Geist ist in seinem ewigen Zustand der Freiheit gegründet, und von außen kann nichts mit den inneren tiefen Eindrücken zusammentreffen. Die Identifikation ist nicht mehr vorhanden.

Die Verbindung mit dem Ozean des Glücks
im Inneren aufrechterhalten

Frage: Was geschieht mit den Menschen, die leben und sterben und keinen Frieden auf Erden finden?

Maharishi: Man geht in ein Haus, um Frieden zu finden, und wenn man sich in diesem Haus nicht wohl fühlt, dann wechselt man das Haus und geht in ein anderes, in dem man sich wohlfühlen wird. Wenn man in diesem Leben keinen Frieden findet, verlässt man diesen Bereich und wählt einen anderen, in dem man sich friedvoll fühlt.

Diese Suche nach Frieden wird weitergehen, bis man im ewigen Frieden gegründet ist. Jeder wird immer wieder seine Umgebung wechseln, bis er an einen Ort gelangt, den er niemals verlassen möchte, und das kann nur die Umgebung der ewigen Glückseligkeit höchster Ordnung und erhabener Natur sein. An einem solchen Ort möchte man immerzu leben. Die Transzendentale Meditation ist ein direkter Weg dorthin.

Dieser Zustand des ewigen Friedens und der Glückseligkeit ist genau hier. Das Himmelreich ist in mir, und »mir« bedeutet das »mir« von allem, nicht nur das »mir« des Menschen, sondern das »mir« von allem. Das Himmelreich ist in jedem Gegenstand der Schöpfung und in den innersten Winkeln des Herzens eines jeden zu finden. Es ist das essenzielle Substrat des Lebens.

Das »mir« ist das innerste Lebensprinzip. Dies ist der Zustand des Seins. Um uns darin einzurichten, ist nichts weiter notwendig, da jeder bereits in sich selbst gegründet ist. Das »Ich« ist da, also ist jeder Mensch bereits in sich selbst gegründet. Nur seine Aufmerksamkeit ist im Außen. Was benötigt wird, ist die Aufmerksamkeit nach innen zu richten.

Sobald die Aufmerksamkeit nach innen gerichtet ist, wird man in diesem ewigen Frieden und der ewigen Glückseligkeit gegründet. Der Tisch ist da und das Glas ist da, beides ist da, es ist eine Frage der Wahl, welches der beiden wir erfahren. Wenn wir den Tisch erfahren wollen, richten wir unsere Aufmerksamkeit auf den Tisch, und wenn wir das Glas erfahren wollen, richten wir unsere Aufmerksamkeit auf das Glas. Sowohl die inneren als auch die äußeren Aspekte des Lebens sind vorhanden.

Im eigenen Leben ist nichts weit weg und nichts verloren; man scheint verloren zu sein, wenn man sich im Äußeren befindet. Die Wärme des Wohnzimmers ist hier und die Kälte der Veranda ist dort; beide zusammen bilden das Haus, beide sind Teil desselben Hauses. Wenn wir draußen sind, dann genießen wir die Wärme des Wohnzimmers nur deshalb nicht, weil wir die Kühle der Veranda genießen.

Wenn wir die Wärme des Wohnzimmers genießen wollen, dann müssen wir nur hineingehen, und schon können wir die Wärme des Wohnzimmers genießen. Ähnlich verhält es sich, wenn wir die Freuden der Vielfalt erleben wollen, dann bleiben wir in der Welt der Sinneswahrnehmung, und wenn wir den ewigen Frieden und die Glückseligkeit erleben wollen, tauchen wir in unser Inneres ein.

Der innere Frieden und das Glück sind von stabilerer und dauerhafter Natur. Im Bereich der Sinneswahrnehmung sind die Sinnesfreuden unbedeutend und vergänglich. Sie sind nur Tropfen im Vergleich zum Ozean der Glückseligkeit im Inneren. Nur die Tropfen des Glücks zu kosten, stillt nicht den Durst eines Menschen nach Glück.

Jeder Mensch möchte so viel wie möglich genießen. Im Bereich der Vielfalt gibt es immer den Wunsch nach mehr und größerem Glück, und das nimmt kein Ende, bis wir im Bereich der Relativität zum größten Glück gelangen. Selbst dann ist das nicht von Dauer, da es sich im Bereich der Relativität befindet.

Erst wenn wir die Ebene des größten Glücks im Bereich der Relativität überschreiten und den absoluten Zustand des Glücks erreichen, wird der Durst nach Glück wirklich gestillt, denn jenseits des absoluten Glücks ist kein höherer Zustand mehr möglich.

Absolutes Glück kennt keine Veränderung in seiner Natur; es ist immer derselbe glückselige Zustand, und wenn dieser erfahren wird, dann ist der Durst nach Glück für immer gestillt. Und wenn der Durst nach Glück auf ewig gestillt ist, dann gewinnen auch die Erfahrungen im Bereich der Relativität an Fülle und Tiefe. Es ist nur notwendig, zu dieser inneren Erfahrung zu gelangen, die Fülle ins Leben bringen wird, und alle Aspekte des Lebens werden verherrlicht werden. Die Technik hierfür ist einfach und leicht, denn sie führt dazu, den Geist in den Bereich größten Glücks zu führen. So wie Wasser auf natürliche Weise bergab fließt, und man das Wasser nicht dazu zwingen muss, bergab zu fließen, ist es auch nicht erforderlich, den Geist zu zwingen, sich in einen Bereich größeren Glücks zu begeben.

Angenommen, wir hören gerade einer Melodie zu, dann kommt aus einer anderen Quelle eine schönere Melodie,, und sofort5 wendet sich der Geist der anderen Melodie zu. Es ist also ganz natürlich, dass sich der Geist auf den Bereich des größeren Glücks zubewegt. Deshalb ist das Fließen des Geistes von außen nach innen, wo der Ozean des Glücks liegt, natürlich und einfach.

Es bedarf keiner höheren Metaphysik, um zu verstehen, dass das Himmelreich im Inneren liegt, während im Außen das Reich des Elends zu sein scheint. Vom Reich des Elends würde sich der Geist ganz natürlich zum Himmelreich bewegen, denn er sucht fortwährend nach größerem Glück.

Obwohl wir sagen, dass das Außen das Reich des Elends ist, liegt es nur am Vergleich mit der ewigen Glückseligkeit im Inneren, dass die Freuden der äußeren Welt der Vielfalt als Elend bezeichnet werden.

Wenn z. B. ein Geschäftsmann die Möglichkeit hat, am Tag zehntausend Dollar zu verdienen, er aber tatsächlich nur zweitausend Dollar verdient, dann würde er das als einen Verlust von achttausend Dollar ansehen. Ein guter Geschäftsmann würde das nicht als Gewinn von zweitausend Dollar betrachten, sondern als einen Verlust von achttausend Dollar.

Wenn wir also die Möglichkeit haben, großes, ewiges Glück zu genießen – niemals endendes, immer das gleiche größte Glück –, uns aber stattdessen trivialen Freuden hingeben, die den Geist nicht einmal fünf Minuten lang zufriedenstellen, dann nennt man diese Freuden Elend.

Ansonsten ist die Welt kein elender Ort. Es gibt kein Elend auf der Welt; alles ist dazu da, genossen zu werden, und was auch immer wir genießen wollen, es ist in der gesamten Schöpfung vorhanden. Es gibt die Fülle der Freude auf der Welt, aber die Freuden der Welt sind nur Tropfen der Freude. Deshalb wandert der Geist von Punkt zu Punkt. Ich sehe keinen Grund, dass der Mensch in irgendeiner Weise leiden sollte. Aus welchem Grund sollte ein Mensch leiden, wenn alles da ist, um mit allen fünf Sinnen genossen zu werden, als ob es im Menschen fünf Arten unterschiedlicher Erfahrungsmechanismen gäbe, um die

Vielfalt der Welt zu genießen. Wenn alle Sinne des Menschen voll entwickelt sind, könnte er durch sie besser genießen.

Aber wenn die Verbindung mit der Bank verloren geht, wenn das Scheckbuch verloren geht, dann wird ein Millionär schon wegen eines Cents für bankrott erklärt. Es ist nur erforderlich, die Verbindung aufrechtzuerhalten. Das Scheckbuch sollte immer in der Tasche stecken, dann ist die ganze Bank in der Tasche.

Wird die Verbindung mit dem Ozean aufrechterhalten, wenn wir uns an den äußeren Tropfen des Glücks erfreuen, dann hat jeder Tropfen die Kraft des Ozeans. Ansonsten hat jeder einzelne Tropfen keine Bedeutung. Er verdunstet schon bei geringer Hitze und verschwindet einfach.

Aber wenn der Tropfen mit dem Ozean verbunden ist, gewinnt er enorme Kraft. Wenn wir diese verschiedenen Objekte der äußeren Welt erfahren, ist es, als würden wir die einzelnen Tropfen des Glücks kosten, die sehr schnell verdunsten.

Meditation ist ein Vorgang, bei dem die Verbindung der Tropfen des Glücks der Außenwelt mit dem Ozean des Glücks im Inneren aufrechterhalten wird. Verbindet den Tropfen mit dem Ozean und lasst jeden Tropfen den mächtigen Status des Ozeans erlangen.

MANTRA – EIN SPEZIFISCHER KLANG
UND SEIN WERT

Frage: Maharishi, was ist die besondere Kraft des Mantras[14]? Warum ist es besser als jeder andere Klang?

Maharishi: Jeder Klang hat ganz bestimmte Schwingungen; die Wirkung liegt in der Art der Schwingung und wie wir Schwingungen aussenden. Wir sind an die Bedeutung des Klangs gewöhnt, aber was ist die physische Wirkung des Klangs? Die Schwingungen, die ausgesendet werden, haben eine physische Wirkung auf alles. Wenn wir einen Ton von uns geben, dann treffen seine Schwingungen auf diesen Stängel, auf diese Blume; sie breiten sich aus und treffen auf alles in der Schöpfung. Wenn sie auf etwas treffen, erzeugen sie eine Wirkung, die entweder abträglich oder zuträglich sein kann. Welche Wirkung das hat, ist dem gewöhnlichen menschlichen Geist nicht bewusst. Niemand weiß, ob bestimmte Schwingungen das Leben einer Blume beeinträchtigen oder unterstützen. Mantras sind jene besonderen Schwingungen, deren Wirkung wir aus der Tradition[15] kennen. Wir wissen aus der Tradition, was ein Klang bewirkt, wenn er auf diese Weise erzeugt wird. Das funktioniert ganz mechanisch.

Frage: Und das ist beim Gedanken der Fall – der Klang wird nicht erzeugt, sondern nur der Gedanke daran?

Maharishi: Gedanken haben Schwingungen, und sobald die Schwingungen da sind, ist die Wirkung da. Gedankenschwingungen sind noch wirksamer, noch kraftvoller als ein Klang.

---

14 Die Technik der Transzendentalen Meditation beinhaltet das gedankliche Wiederholen eines Mantras, eines Wortes ohne Bedeutung.

15 Die uralte Vedische Tradition Indiens

Frage: Wenn Sie von „Klang" reden, meinen Sie damit den Laut, den wir hören, wenn wir ihn aussprechen? Wenn man nun einen Klang[16] benutzt, den man nicht hören kann, wie soll man diesen unhörbaren Klang, den man selbst spricht, hören? Das scheint mir eine schwierige Sache zu sein. Üblicherweise hört man nur den Klang, den man laut ausspricht.

Maharishi: Auf der subtilen Ebene ist das Hören mit dem Sprechen verbunden. Aber wenn wir unterscheiden wollen, können wir sagen: Der Geist spricht den Klang aus, aber die Ohren hören ihn nicht. Wir wiederholen das Wort Blume. Wir können das Wort Blume im Geist wiederholen, ohne dass die Ohren es hören. Weil aber im Geist Schwingungen erzeugt werden, entstehen Wellen. Und so bewegen sich Gedanken fort.

Jeder Gedanke hat seine spezifische Welle, genau wie jedes gesprochene Wort. Sprechen ist nichts anderes als der grobe Ausdruck des feinen Denkens. Handeln ist ein noch gröberer Ausdruck als Denken und Sprechen. Aber die Schwingungen werden auch dann erzeugt, wenn nur etwas gedacht wird. Schwingungen entstehen, und diese Schwingungen haben eine Wirkung, eine gute oder eine schlechte. Die gute oder schlechte Wirkung wird durch die Absicht hinter dem Gedanken, die Natur des Gedankens bestimmt. Mit welcher Absicht gedacht wird und die Art des Gedankens – beides trägt zur Wirkung bei.

Ein Kind kann einen Klaps aus Liebe bekommen, es kann aber auch aus Wut den Klaps bekommen. Die Handlung ist dieselbe. Aber im einen Fall wird die Wirkung das Leben fördern, im anderen Fall schädigen. Während die Handlung die gleiche bleibt, ist das Ergebnis aufgrund der unterschiedlichen Absicht anders. Die Absicht hat also etwas mit der Wirkung zu tun, die diese

---

16 Vergleiche Seite 90 und S. 115-120.

Schwingungen erzeugen. Die Wirkung ist offensichtlich nicht nur auf die physikalische Natur der Schwingung zurückzuführen, sondern auch auf die darin enthaltene treibende Kraft – die Absicht.

Frage: Maharishi, können Sie erklären, warum der Geist eher durch Klang als durch Farbe nach innen gezogen wird?

Maharishi: Es gibt Techniken, die auch die Farbe verherrlichen. Es gibt Techniken, die die Pracht der Farbe bei jedem Schritt erhöhen, und der Geist wird angezogen, wenn die Pracht zu ewiger Herrlichkeit gesteigert wird. Genauso gibt es Techniken, um den Klang auf seine feineren Ebenen zu reduzieren, und reduziert auf die feineren Ebenen nimmt die Anziehungskraft zu, und der Geist wandert ganz natürlich dorthin. Also könnte alles als ein Mittel zum Meditieren genutzt werden.

Frage: Maharishi, warum haben Sie das innere Hören gewählt und nicht zum Beispiel das innere Sehen oder den Tastsinn?

Maharishi: Im Allgemeinen fließt die Aufmerksamkeit da hin, wo etwas vibriert. Es gibt einige Menschen, die gut mit dem Sehen zurechtkommen, aber generell ist das Transzendieren durch Klangschwingung viel einfacher, weil das eine dem anderen leichter folgt. Schwingungen sind fließender, und das Medium, das fließender ist, wird in seinen subtileren Zuständen leichter wahrgenommen als die eher statische Form.

Frage: Das liegt daran, dass das Mantra das Element der Zeit enthält, nicht wahr? Das Mantra hat ja ein Element der Zeit in sich – einen Rhythmus, während die visuellen Dinge, wie Sie sagen, im Vergleich dazu statisch sind.

Maharishi: Es kann nicht statisch bleiben, sobald die Meditation beginnt. Dann wird es weniger dicht und transparenter, bis sein relativer Aspekt völlig verschwunden ist.

Frage: Maharishi, ist die zunehmende Bewusstheit dieser subtileren Erfahrungszustände Teil des Evolutionsprozesses? Ich meine, ist das eine historische Entwicklung oder nicht?

Maharishi: Man könnte sagen, historisch, weil es ein Element der Zeit enthält. Es ist die Erfahrung des groben, nicht des subtilen Zustands. Nach heutiger Definition behält Geschichte die chronologische Reihenfolge der Ereignisse bei. Alle positiven Erfahrungen könnten als Geschichte aufgezeichnet werden.

Aber wenn man den Bereich der Zeit verlassen hat und ins Absolute gegangen ist, wird die Chronologie gestört. Also kann der gesamte Prozess der Entwicklung zum Kosmischen Bewusstsein nicht als historisch bezeichnet werden, weil er in der Transzendenz seine Chronologie verliert.

Frage: Ist die Entwicklung der Fähigkeit des menschlichen Geistes, mit anderen Ebenen in Berührung zu kommen, evolutionäres Wachstum?

Maharishi: Ja genau, vollkommen natürlich.

Frage: Soll das Mantra der Transzendentalen Meditation geheim gehalten werden?

Maharishi: Was die Geheimhaltung anbelangt, ja. Es muss geheim gehalten werden, denn entsprechend den Umständen und so vielen anderen Dingen ist jeder Mensch ein anderer Mensch. Die Mantras von zwei Menschen können unterschiedlich oder gleich sein. Im Bereich der Spiritualität – und nicht nur im Bereich der Spiritualität, sondern auch im Bereich der materiellen Existenz, überall dort, wo es ein Wachstumsprinzip gibt –, ist Verschwiegenheit die Erfolgsformel. Wir säen ein kostbares Samenkorn in die Erde; wir gießen es, düngen es und kümmern uns von außen sorgfältig darum, aber wir nehmen den Samen nicht aus der Erde heraus und schauen, ob er schon anfängt zu wachsen. Das Mantra muss ein lebenslanges Geheimnis bleiben. Es ist sehr wichtig, das Mantra geheim zu halten, denn das Mantra kann das gleiche Wort sein, das Sie einem Buch entnehmen. Sie nehmen es auf und beginnen, es auszusprechen, aber es fällt Ihnen schwer, dabei zu bleiben, weil es eben nur ein Wort ist.

Doch das Mantra ist nicht nur ein Wort, sondern ein Wort mit großem Potenzial. Wenn der Lehrer der Transzendentalen Meditation es ausspricht, kommt es bewusst von der Ebene, die der ursprüngliche Zustand der Schöpfung ist, direkt aus dem Absoluten. Wenn es von da bewusst herübergebracht wird, dann kommt es mit großer Kraft.

Sogar die materielle Wissenschaft sagt uns: In den subtileren Bereichen der Schöpfung nimmt die Kraft zu, die Kraft wird enorm. Wenn wir dieses Mikrophon auf jemanden werfen, tut es zwar weh, aber wenn wir seine Atome anregen, explodiert die gesamte Atmosphäre. Das verdeutlicht, dass die Kraft in den subtileren Bereichen der Schöpfung stärker ist.

Wenn also der Klang, das Wort, aus diesem Bereich der Kreativität, aus der Quelle der Schöpfung geholt wird, dann kommt es als ein kraftvolles Wort zum Vorschein; und wenn es weitergegeben wird, ist es wie ein kostbarer Samen, der in fruchtbarem Boden gesät wird.

Es gab viele Fälle, in denen Leute fragten: »Was ist dein Mantra?«, und einige sagten: »Meines besteht aus zwei Silben und deines anscheinend aus vier Silben. Deines hat vier Silben, meines hat nur zwei Silben.« Dann sind beide verwirrt. Der mit vier Silben glaubt, seines sei besser, und der mit zwei Silben glaubt, seines sei nur halb, und die Hälfte sei weniger kraftvoll. Beide sind verwirrt und beginnen ohne Grund, ihre Kräfte zu verlieren. Die dynamische Kraft geht verloren, und wenn immer wieder offen darüber gesprochen wird, verpufft die Energie, und das Mantra wird auf ein bloßes Wort reduziert.

Niemand bringt seinen Schatz in die Öffentlichkeit, und wer das Geheimnis seines Schatzes öffentlich herausposaunt, genießt in der Gesellschaft kein hohes Ansehen, denn jeder kennt seinen Wert. »Oh, er hat nur zwei Millionen!«

Behält er seine Millionen aber für sich, dann sagen die Leute: »Oh, dieser Mann hat 20 Millionen.«

Das persönliche Wachstum muss immer ein Geheimnis bleiben. Die Schatzkammer ist immer tief im Inneren eines Hauses, meist unter der Erde, dem allgemeinen Blick und Zugriff entzogen. Und wenn wir selbst dorthin müssen, ist der Weg in den meisten Fällen dunkel, und wir müssen Licht machen. Es wird also viel Wert darauf gelegt, den Schatz am geheimsten Ort aufzubewahren.

Frage: Kann ein Kind ein Mantra erhalten?

Maharishi: Es gibt bestimmte Mantras für Kinder, um ihre geistigen Fähigkeiten zu verbessern, ihre Lernfähigkeit zu erhöhen und so weiter. Es gibt Mantras für kleine Kinder, die sie beim Spielen denken[17]. Wir fordern sie nicht auf, still zu sitzen und Transzendentale Meditation auszuüben, sondern zu spielen und glücklich zu sein. So entwickelt sich ihre Intelligenz leichter.

---

17 Kleine Kinder können die Kindertechnik der Transzendentalen Meditation erlernen, die während des Spielens ausgeübt wird, und ab dem Alter von zehn Jahren können sie das Meditieren im Sitzen mit geschlossenen Augen erlernen.

BEZIEHUNG ZWISCHEN GEIST UND KÖRPER

Frage: Welche Beziehung besteht zwischen dem Geist und dem Körper?

Maharishi: Der Geist ist der innere Aspekt unserer Persönlichkeit und der Körper der äußere, so wie bei einem Baum die Wurzel der innere Aspekt und der Baum der äußere Aspekt ist. Es ist immer der Zustand der Wurzel, der den Baum kontrolliert. Auf diese Weise kontrolliert der Geist den gesamten Körper, und es besteht eine sehr enge Koordination zwischen Geist und Körper. Der Geist ist die subtilere Manifestation des reinen, transzendentalen, unmanifesten Bewusstseins, während die gröbere Manifestation davon der Körper ist.

Frage: Wird die Entspannung des Körpers durch die Entspannung des Geistes erreicht?

Maharishi: Der Geist kommt zuerst. Wenn wir an Eis denken, dann ist es das Wasser, das zuerst kommt; es ist das Wasser, aus dem das Eis entsteht. Es ist der Geist, der den Körper hervorbringt. Beide sind Entwicklungen der gleichen Substanz, aber der Körper ist eine gröbere Manifestation als der Geist. Er ist nur ein grober Aspekt des Geistes – der grobe Ausdruck des Geistes. Die beiden können einfach nicht getrennt werden, es sei denn zum Zeitpunkt des Todes.

Frage: Wenn die Seele den Körper verlässt, was zu bestimmten Zeiten geschieht, verlässt dann der Geist den Körper und reist mit der Seele, oder bleibt er beim Körper?

Maharishi: Durch das Verlassen des Körpers zum Zeitpunkt des Todes, wird die Verbindung unterbrochen. Während des Transzendierens ist der Geist vollständig in das Transzendente gegangen, verlässt aber den Körper nicht vollständig. Die Verbindung besteht, und aufgrund dieser Verbindung, dieser Affinität, kehrt der Geist zum Körper zurück. In einem solchen Fall hat der Geist den Körper verlassen, jedoch nicht vollständig. Nehmen wir an, wir sind die Bewohner dieses Hauses, schließen die Tür ab und gehen aus; wir sind ausgegangen, aber wir sind nicht vollständig abgeschnitten – die Verbindung besteht weiterhin.

Frage: Wird das Abstrakte durch den Geist erfahren?

Maharishi: Durch den Geist, denn es ist der Geist, der Erfahrungen macht.

Frage: Gehört der Geist zum Körper?

Maharishi: Nein, der Körper gehört zum Geist, und der Geist gehört zur Seele. Die Seele ist Kosmischer Geist, Kosmisches Sein; sein Kind ist der individuelle Geist, und der grobe Körper ist das Kind des individuellen Geistes. Es ist der subtile Bereich der groben Schöpfung – subtiler Körper, subtiler Geist –, den der individuelle Geist zu erfahren lernt, um die Fähigkeit zu erlangen, die transzendente Seele, den Zustand des Seins, zu erfahren. In diesem Zustand hört der individuelle Geist auf, individuell zu sein. Die Verfeinerung befähigt ihn, die Quelle aller Schöpfung zu sehen, zu fühlen und im Leben zu leben – Einheit und Vielfalt zu leben, gemeinsam als eins.

Frage: Ist der kultivierte Geist aller Menschen der universelle Geist? Erhalten wir von ihm Inspiration?

Maharishi: Ja, dann ist das ganze Leben eine Inspiration. Wie müssen nur lernen, wie das geht. Sobald wir den Zustand des Kosmischen Geistes erlangt haben, wird alles einfach. Wenn ein solides Fundament gelegt ist, kann ein Gebäude darauf gefahrlos in jeder beliebigen Höhe errichtet werden.

Frage: Maharishi, wir alle haben das, was man Gewissen nennt. Wir empfinden Reue, wenn wir ein Verbrechen begangen haben. Ist das Gewissen etwas, das wir durch Bildung erwerben oder durch die Erziehung von unseren Eltern und Lehrern?

Maharishi: Es hängt davon ab, wie weit der Geist entwickelt ist. Bei einem hochentwickelten Geist können wir sagen, dass es [das Gewissen] von Gott gegeben ist. Bei einem wenig entwickelten Geist wird durch Erziehung vermittelt, was richtig und was falsch ist. Wenn jeder Geist ein hochentwickelter Geist wird, dann werden alle Gedanken und Handlungen richtig sein. Wenn der Geist unentwickelt ist, dann muss er geschult werden. Dieser Prozess geht weiter, bis der Geist kultiviert genug ist, um von selbst zu verstehen.

DER MENSCH HAT EINEN FREIEN WILLEN

Frage: Ich würde gerne wissen, woher Sie wissen, dass Sie einen freien Willen haben.

Maharishi: Immer ein freier Wille, der Mensch hat immer einen freien Willen.

Frage: Ich würde gerne wissen, woher Sie wissen, dass Sie einen freien Willen haben.

Maharishi: Aufgrund unserer eigenen Erfahrung. Wir können bis zwölf Uhr mittags im Bett bleiben, oder um sechs Uhr morgens aufstehen, ganz wie es uns gefällt.

Frage: Woher wissen Sie, dass Sie nicht von einer anderen Macht kontrolliert wurden und dass Sie das Gefühl hatten, das zu tun, was Sie tun wollten?

Maharishi: Selbst wenn wir diese Macht akzeptieren, mit deren Hilfe wir dies oder das tun, ist das in Ordnung! Dann steht uns diese Macht zur Verfügung. Dann ist diese Macht ein wesentlicher Bestandteil unseres Seins, sie ist nicht getrennt von uns, denn bei jeder Handlung, die wir ausführen, stellen wir fest, dass uns diese Macht zur Verfügung steht. Wir möchten uns an der Blume erfreuen, und die Macht ermöglicht es den Augen zu sehen; das heißt, selbst wenn wir akzeptieren, dass es diese Macht gibt, so steht sie uns doch auf Abruf zur Verfügung.

Frage: Und wenn man nicht an diese Macht glaubt?

Maharishi: Ja, wenn ich nicht glaube, dass es diese Macht gibt, dann sage ich: »Gut, dann mache ich dies und das freiwillig.« Es schadet nichts, wenn wir uns als vollkommen selbständig betrtachten. Wo ist dann die Macht? Also wende ich mich in alle Richtungen und gehe diesen Weg.

Ich bin auf dieser Seite mit nichts zufrieden, also lasst uns die Natur des »Ich« im Inneren herausfinden; wenden wir die Aufmerksamkeit nach innen. Stellt sich dann die Natur des »Ich« als großartig und so herrlich heraus, dann ist das die Errungenschaft.

Frage: Meinen Sie, dass freier Wille nur durch die Transzendentale Meditation möglich ist?

Maharishi: Das ist der einzige Weg zur Freiheit, durch Meditation und Transzendieren.

Frage: Ist der Mensch in seinem Handeln festgelegt oder nicht? Ich meine, ist er frei in seinem Handeln, oder wird er irgendwohin gelenkt? Was entscheidet darüber, wohin er geht?

Maharishi: Er selbst entscheidet, wohin er geht.

Frage: Ja, aber wird er dabei geführt?

Maharishi: Bei der Entscheidungsfindung ist er womöglich geführt, kann er von so vielen Dingen beeinflusst werden, aber letztendlich ist er für seine Entscheidung selbst verantwortlich. Er trifft die Entscheidung. Es mögen noch so viele Einflüsse auf ihn einwirken, aber er entscheidet, wohin er geht. Trotz aller Einflüsse, die sein Handeln in eine bestimmte Richtung lenken, kann er sich durchaus für die entgegengesetzte Richtung entscheiden. Die Richtung, die er schließlich einschlägt, ist also seine eigene Entscheidung. Die Effizienz einer Entscheidung ist wichtiger als die Einflüsse der Vergangenheit oder Zukunft.

Frage: Ich stelle mir immer die Frage, wie man die richtige Entscheidung trifft. Ich weiß, dass klare Entscheidungskraft wichtig ist, aber wie trifft man die richtige Entscheidung?

Maharishi: Mithilfe der Transzendentalen Meditation. Der Intellekt wird so geschärft, dass er verschiedene Aspekte einer Sache sehen kann. Werden die verschiedenen Aspekte erkannt, ist es leichter, die richtige Entscheidung zu treffen. Transzendentale Meditation befähigt uns, richtige Entscheidungen zu treffen.

KARMA IST URSACHE UND WIRKUNG

Frage: Maharishi, würden Sie uns etwas über die Beziehung zwischen der Transzendentalen Meditation, über die Sie sprechen, und dem Konzept des Karma sagen?

Maharishi: *Karma* ist Ursache und Wirkung. Jede Wirkung hat eine Ursache, und jede Ursache führt zu ihrer Wirkung. Die Wirkung wird zur Ursache einer weiteren Wirkung; also Wirkung und Ursache und Ursache und Wirkung, es setzt sich fort und das ist Karma. Karma ist also die Gesamtheit der gewonnenen

Eindrücke. Der Eindruck entsteht und bringt Sie dazu, das Karma (Handlung) zu wiederholen. Dieses Karma lässt einen Eindruck entstehen, der wiederum zu Karma führt; ein Karma, eine Handlung, führt also zu diesem Kreislauf von Handlung und Eindruck. Eindruck ist der subtile Zustand des Begehrens; also Handlung und Begehren und Begehren und Handlung – es ist ein fortwährender Kreislauf.

Transzendentale Meditation ist ebenfalls eine Handlung, insofern sie eine Aktivität ist, die ausgeführt wird. Der Geist muss eingesetzt werden und etwas tun – es ist ein Prozess, den es zu durchlaufen gilt. Auch das ist Karma, aber es ist ein Karma, das uns aus dem Kreislauf des Karma ins Transzendente, aus der Aktivität heraus, führt. Transzendentale Meditation ist ein Karma, das uns aus dem Bereich des Karma herausbringt. Andere Karmas sind solche, die uns im Bereich des Karma, im Bereich des Handelns halten. Aktivität und Eindruck, Aktivität und Eindruck – es geht immer weiter. Das ist der Unterschied zwischen den beiden Karmas, der Wirkung der Transzendentalen Meditation und der Wirkung von anderen Handlungen. Transzendentale Meditation ist ein Mittel zur Befreiung, sie befreit uns aus dem bindenden Einfluss des Karma. Die Auswirkungen anderer Handlungen halten uns unter dem bindenden Einfluss des Karma, das ist der Unterschied zwischen Transzendentaler Meditation und anderen Karmas.

Frage: Maharishi, beendet die Transzendentale Meditation das Konzept von Ursache und Wirkung? Ich meine, man ändert das, beendet das, wenn man ein verwirklichter Mensch ist. Ursache und Wirkung – verschwindet das?

Maharishi: Ursache und Wirkung existieren auch für den verwirklichten Menschen, nur dass er sich über den bindenden

Einfluss von Ursache und Wirkung erhebt. Dieser Körper ist das Ergebnis einer Ursache, einer Handlung in der Vergangenheit – einige gute und einige schlechte Handlungen, die jetzt zur Ursache werden. Diese Ursache ist immanent, solange der Körper vorhanden ist. Daher ist alles, was durch den Körper getan wird, die Wirkung dessen, was in der Vergangenheit getan wurde. Selbst ein verwirklichter Mensch muss die Wirkung der Ursache der Vergangenheit durchleben.

Der Unterschied besteht lediglich darin, dass der verwirklichte Mensch keine zukünftige Ursache schafft, wenn er die Wirkung dieser vergangenen Ursache durchlebt. Die gegenwärtige Wirkung schafft keine Ursache, die zu einer zukünftigen Handlung führen könnte, und hier findet der Kreislauf von Ursache und Wirkung sein Ende. Aber das letzte Bindeglied muss gelebt werden, und das letzte Bindeglied der Wirkung ist alles, was mit dem Körper zusammenhängt, solange der Körper existiert.

Frage: Angenommen, es gibt etwas in diesem Leben, aus dem ein schlechtes Karma resultiert. Können wir es durch die Transzendentale Meditation loswerden?

Maharishi: Warum nicht? Man kann alles loswerden: alles aus der Vergangenheit könnte durch die Gegenwart neutralisiert werden. Was wir in der Vergangenheit getan haben, machen wir in der Gegenwart rückgängig. Alles was getan wurde, könnte rückgängig gemacht werden, weil es unser eigenes Handeln ist. Und unser vergangenes Handeln könnte durch unser eigenes gegenwärtiges Handeln verändert werden. Die Aktivität in der Gegenwart ist wichtig, und Transzendentale Meditation ist der Prozess, der alle Erfahrungs- und Handlungsfähigkeiten stärkt. Wenn die Fähigkeiten der Erfahrung und des Handelns entwickelt sind, dann wird das Karma, das durch die unentwickelten Fähigkeiten der Vergangenheit verursacht wurde, einfach von den weiter entwickelten Fähigkeiten der Gegenwart aufgehoben werden – und zwar leicht. Das also ist die Bedeutung der Transzendentalen Meditation.

Frage: Maharishi, manche Menschen erreichen den Zustand der Glückseligkeit ohne Meditation; erhalten sie ihn durch die Gnade Gottes?

Maharishi: Ohne Suche findet ihn niemand.

Frage: Erreichen sie das durch gutes Karma?

Maharishi: Sie erreichen das durch gutes Karma, durch das gegenwärtige gute Karma. Das gute Karma der Vergangenheit reicht nicht aus, um einen Menschen zur Verwirklichung zu bringen. Wenn das Karma der Vergangenheit ausreichen würde, um ihn zur Verwirklichung zu bringen, dann wäre das schon in der Vergangenheit geschehen. Er muss jetzt etwas tun, und das führt zur direkten Verwirklichung.

Frage: Maharishi, besteht jemals die Gefahr, dass die Macht der Transzendentalen Meditation missbraucht werden könnte?

Maharishi: Was bei der Transzendentalen Meditation geschieht, ist, dass sich ein Mensch energievoller fühlt und mit der Energie verspürt er Zufriedenheit, Glück und Frieden. Die Energie kommt und ist durchdrungen von Frieden und Zufriedenheit, weshalb Energie in Frieden und Zufriedenheit nicht missbraucht werden kann.

Frage: Wovon hängt es ab, ob man verwirklicht wird oder nicht?

Maharishi: Es hängt vom eigenen karmischen Kreislauf, vom Kreislauf vergangener Handlungen, ab. Transzendentale Meditation selbst ist Karma, eine Handlung, die einen zur direkten

Verwirklichung führen kann. Was auch immer wir getan haben, welche Ursachen auch immer wir in der Vergangenheit geschaffen haben, wir ernten die Ergebnisse, die Wirkungen in diesem Leben. Wir werden als Menschen geboren, und dieser Status reicht aus, um uns zu befähigen, in der Transzendentalen Meditation auszuharren, sodass wir hier und jetzt verwirklicht werden. Was auch immer unser Karma in der Vergangenheit war, es scheint günstig genug gewesen zu sein, um uns die Fähigkeit zu verleihen, jetzt Selbstverwirklichung zu erlangen.

In diesem gegenwärtigen Kreislauf der Aktivität, dem gegenwärtigen Karma der Transzendentalen Meditation, wird Verwirklichung benötigt, und dies ist für jeden möglich. Die Verwirklichung wird durch den eigenen karmischen Kreislauf beeinflusst – sie wird sich in dessen Rahmen abspielen –, aber nachdem man Verwirklichung erreicht hat, verlässt man den Einfluss des Kreislaufs von Ursache und Wirkung.

Frage: Wie kann Karma vermieden werden, wenn wir damit geboren werden?

Maharishi: Es muss nicht vermieden werden; es kann nicht vermieden werden, weil die Handlungen unsere eigenen sind. Was auch immer wir zu erleiden geboren sind, werden wir erleiden, aber Transzendentale Meditation erhebt uns über den Einfluss des Leidens. Wie bei einem kleinen Geschäftsmann, der an einem Tag den Verlust von fünf Dollar erleidet und am nächsten Tag fünf Dollar gewinnt; Verlust und Gewinn wirken sich aus. Sollte er jedoch Millionär werden, machen ihm Gewinn an einem Tag und Verlust am nächsten Tag nichts mehr aus. Der Punkt ist, dass Gewinn und Verlust ein untrennbarer Teil des Geschäfts sind – einen Tag Freude, einen Tag Leid –, aber das wird bedeutungslos im Licht des permanenten Selbst.

Wenn der Maßstab des Glücks auf ewige Glückseligkeit angehoben wird, dann sind vorübergehende Freuden und Sorgen unbedeutend, beides hat keine große Wirkung auf uns. Transzendentale Meditation ist also kein Weg, Leiden zu beseitigen; es ist ein Weg, uns aus dem Netz des Leidens, aus der Unfreiheit des Lebens herauszuführen. Mit mehr Energie, mehr intellektueller Leistungsfähigkeit, mehr Geduld und Glück, ist die Intensität des Leidens nicht mehr spürbar.

Frage: Maharishi, wenn ein Mensch krank ist und nicht erwartet wird, dass er überlebt, aber er lebt, weil sich vierzig Menschen versammelt und gebetet haben, und sagen, ihre Gebete haben sein Leben gerettet, könnte es dann das Gebet gewesen sein? Könnte das Gebet von vierzig Menschen Karma in irgendeiner Weise beeinflussen?

Maharishi: Karma wird durch Karma beeinflusst. Auch das Gebet ist Karma. Und die Kraft des Gebets ist viel stärker als jedes andere Karma. Alles kann durch Gebet beeinflusst werden, wenn es richtig gemacht wird.

Frage: Was meinen Sie mit richtig gemacht?

Maharishi: Richtig gemacht heißt, dass es sich als wirksam erwiesen hat, weil wir die Richtigkeit des Prozesses anhand seiner Ergebnisse erkennen. Wenn das Ergebnis gut ist, dann war der Prozess richtig. Wenn das Ergebnis nicht gut ist, dann war der Prozess nicht richtig. Um das zu verstehen, bedarf es keiner tiefen Logik. Wenn die erste Sitzung der Transzendentalen Meditation kein Ergebnis zeigt, dann war der Anfang nicht richtig.

Frage: Maharishi, wie kommt es, dass jemand für zwei verschiedene Personen betet und es der einen sofort besser geht und der anderen nicht? Für beide Menschen wurden Gebete gesprochen.

War es Zufall, dass es dem einen besser ging und dem anderen nicht, oder war es das Ergebnis des Gebets? Wie kann man das wissen?

Maharishi: Das kann viele Gründe haben. Ein Grund kann die Zuneigung des Betenden zu dem Menschen sein, für den er betet. Das Gebet verbindet. Es bildet ein Dreieck: Derjenige, der betet; der Gott, an den das Gebet gerichtet ist; und derjenige, für den das Gebet gesprochen wird. Nun, es kann an jeder Stelle Widerstand geben. Dieser könnte entstehen, weil die Person nicht aufrichtig betet, oder es könnte Widerstand zwischen Gott und der Person geben, für die das Gebet gesprochen wird. Der Widerstand könnte von dieser Person, ihrer Neigung, ihrem Karma und ihrem Glauben an Gott ausgehen. Auch hier könnte es Widerstand zwischen den beiden Personen geben – derjenigen, die betet, und derjenigen, für die gebetet wird.

Es könnte auf mangelnden Glauben seitens desjenigen zurückzuführen sein, für den gebetet wird, oder es könnte auf fehlender Zuneigung zwischen den beiden beruhen. Äußerlich mag es scheinen, dass Zuneigung da ist, aber ihre Gedanken sind möglicherweise nicht aufeinander abgestimmt. Es kann auch sein, dass man aufgrund äußeren Drucks zu Gott betet, innerlich aber nicht betet. Widerstand an irgendeiner Stelle innerhalb des Dreiecks wird Ergebnisse verhindern.

Frage: Maharishi, würde Transzendentale Meditation diese Blockade aufheben? Zumindest auf der Seite des Betenden?

Maharishi: Und das bringt uns nun zu einer weiteren Frage. Die Möglichkeit des Widerstands besteht in jedem dieser drei Teile. Aber wenn der Strom von einer Seite stark und schnell fließt, dann wird jeder Widerstand auf der anderen Seite leichter überwunden werden. Verschiedene Bedingungen bestimmen also die Situation. Wenn der Mensch wirklich im Einklang mit Gott ist, wird er geheilt.

Frage: Ich nehme an, dass die Heilung aus dem Inneren der kranken Person erfolgen würde, nicht wahr, Maharishi?

Maharishi: Sogar das, ja. Transzendentale Meditation ist eine Methode, von der man sagen könnte, sie sei selbstheilend. Der Mensch heilt sich selbst. Er braucht keinen anderen Heiler. Durch Transzendentale Meditation erzeugt er diese Heilkraft in sich selbst.

Frage: Maharishi, Sie sprachen von einem Dreieck. Könnten Sie mehr darüber sagen? Was ist das Dreieck?

Maharishi: Das Dreieck besteht zwischen Gott, dem Gläubigen und der kranken Person. Irgendwie müssen wir verstehen, wo der größere Widerstand liegt, um das Scheitern des Gebets zu erklären. Wir können feststellen, dass zwei Personen auf die gleiche Weise gebetet haben, zur gleichen Zeit am gleichen Ort, und ein Gebet sich als wirksam erweist und das andere nicht. Das Dreieck klärt die Situation und macht deutlich, was mit dem erfolglosen Gebet schiefgegangen ist.

Frage: Ändern sich die karmischen Gesetze, wenn Kosmisches Bewusstsein erreicht wird?

Maharishi: Es gibt drei Arten von Karma. Eine Art von Karma bleibt, wie sie ist; die beiden anderen Arten werden verändert. Eine Art von Karma bezieht sich auf die Vergangenheit: Man hat lange Zeit eine Aktivität ausgeführt und als Konsequenz ist eine große Menge Karma angesammelt worden – ein Berg an Karma. Wir nehmen ein wenig von diesem Berg an Karma, und um es abzuarbeiten, nehmen wir diesen physischen Körper an. Solange der Körper existiert, müssen wir das Karma ertragen, für das wir einen Körper angenommen haben. Unsere gegenwärtigen Handlungen hinterlassen ihre Eindrücke in unserem Geist, und diese werden zum Samen unserer Wünsche; Wünsche führen zu Karma. Es ist also das Handeln in der Gegenwart, das zum Samen für zukünftiges Karma wird. Es gibt somit das Karma der Vergangenheit, das Karma der Gegenwart und das Karma der Zukunft.

Durch Selbstverwirklichung, die zur Erfahrung des größten Glücks absoluter Natur führt, werden alle Wünsche befriedigt. Der Geist erlangt einen Zustand ewiger Zufriedenheit. In diesem Zustand, in dem der Geist ewig zufrieden ist, registriert er die durch Erfahrungen entstandenen Eindrücke nicht dauerhaft. Die Eindrücke erreichen den Geist und zwar auf dreierlei Art: ein sehr tiefer Eindruck, wie eine in Stein geschnittene Rille; ein flacher Eindruck, wie eine in Asche gezeichnete Linie, die leicht durch einen Windstoß wieder gelöscht wird; und ein sehr flacher Eindruck, wie eine Linie auf der Wasseroberfläche, die während ihres Entstehens bereits wieder verschwindet.

In dem Maße, in dem das Kosmische Bewusstsein zunimmt, wird die Tiefe der Eindrücke, die durch unsere Erfahrungen entstehen, immer geringer. Im Zustand des Kosmischen Bewusstseins sind die Eindrücke wie eine Linie auf der Wasseroberfläche. Wenn die Eindrücke so oberflächlich sind wie eine Linie auf dem Wasser, wird der Samen für zukünftiges Karma nicht gesät. Obwohl Sinneserfahrungen stattfinden, wird auf diese Weise nichts für die Zukunft gespeichert.

Wenn der Geist im absoluten Sein gegründet ist, ist der Eindruck aufgrund der großen Zufriedenheit des Geistes automatisch oberflächlich. Sobald der Geist vollkommen zufrieden ist, will er keine weitere Zufriedenheit. Er ist wie der zufriedene Geist eines Millionärs. Wenn der Reichtum genügt, ist der Geist zufrieden, was den Reichtum betrifft, sodass der Verlust von ein paar Pfund ihn nicht belastet. Der Millionär muss keine bewusste Anpassung in seinem Geist vornehmen, um sich zu trösten. Sein Millionärsdasein selbst schützt ihn vor den Auswirkungen kleiner Verluste. Sein zufriedener Gemütszustand lässt keinen tiefen Eindruck von den Auswirkungen des Verlustes zu.

Es heißt, dass das Karma der Vergangenheit, dieser unerschöpfliche Vorrat an vergangenem Karma, verbrannt werden soll, wenn Selbstverwirklichung erlangt wird. Was ist damit gemeint? Wenn wir zum Beispiel einen Koffer mit Kleidung aus der Menge an Kleidung, die wir zu Hause haben, auf eine Reise mitnehmen und danach das Haus Feuer fängt, wird die Kleidung im Haus verbrannt, außer der, die in unserem Koffer ist. In ähnlicher Weise nehmen wir eine gewisse Menge Karma aus dem angesammelten Karma der Vergangenheit mit, wenn wir diesen physischen Körper annehmen, aber wenn wir Selbstverwirklichung erlangen, wird der Berg des vergangenen Karmas verbrannt. Das Karma der Gegenwart jedoch muss auch von einer verwirklichten Seele ausgelebt werden.

Frage: Wie können wir so etwas beweisen?

Maharishi: Das kann nicht bewiesen werden, aber wir verstehen es mithilfe der Logik. Wenn ein verwirklichter Mensch seinen Körper verlässt, hat er aufgrund seiner ewigen Zufriedenheit kein Verlangen danach, einen weiteren Körper anzunehmen. Es heißt, die Umstände einer Wiedergeburt sind die Folge des letzten Wunsches zum Zeitpunkt des Todes. Dieser letzte Gedanke entscheidet, wo und in welcher Umgebung eine Seele wiedergeboren wird.

Aber jemand, der verwirklicht ist, dessen Eindrücke alle ausgelöscht sind wie Linien im Wasser, hat zum Zeitpunkt des

Todes kein Verlangen, das stark genug ist, seine Seele in einen anderen Körper zu bringen. Wenn die Möglichkeit einer Wiedergeburt auf diese Weise ausgeschlossen ist, ist der unerschöpfliche Vorrat an vergangenem Karma so gut wie verbrannt.

Mit der Verwirklichung wird also das vergangene und das zukünftige Karma verbrannt – nur das gegenwärtige bleibt übrig, und es ist das gegenwärtige Karma, das für das Wachstum des Kosmischen Bewusstseins verantwortlich ist.

Wenn der Zustand des Seins die Erfahrung durchdringt, hört das Karma auf, Karma als solches zu sein. Aktivität ist von Stille durchdrungen. Das Handeln einer verwirklichten Person ist also Nichthandeln. Wer im Handeln Nichthandeln sieht, der allein ist weise, der allein sieht[18]. Auf diese Weise, in der Welt lebend, gehört er nicht zur Welt. Es ist ein natürlicher Zustand, der über das menschliche Denken hinausgeht – wie der Lotus, der im Wasser ruht und doch von ihm unberührt bleibt. Das ist der göttliche Mensch.

---

18 Siehe: Die Bhagavad-Gita, Kapitel 1–6, aus dem Sanskrit übertragen und neu kommentiert von Maharishi Mahesh Yogi, Seite 263, Kapitel 4, Vers 18:
karmanyakarma yah pashyed akarmani cha karma yah
sa buddhiman manushyeshu sa yuktah kritsna-karma-krit
Wer im Handeln Nicht-Handeln sieht und im Nicht-Handeln Handeln, der ist weise unter den Menschen. Er ist vereint, er hat alle Handlung vollendet.

KEIN MENSCH MUSS LEIDEN – LEBEN IST GLÜCKSELIGKEIT

Frage: Warum leiden wir, wenn das Leben Glückseligkeit ist?

Maharishi: Wir leiden, weil wir nicht genießen. Warum ist es immer dunkel? Weil niemand das Licht angeschaltet hat. Warum ist ein Fisch durstig? Weil er nicht trinkt. Wir leiden nur, weil wir nicht wissen, wie man genießt. Fast jede Religion lehrt, dass das Himmelreich im Inneren des Menschen liegt. Wir entscheiden uns nicht dafür, die Kammer des Friedens und des Glücks in uns zu betreten, und so bleiben wir draußen, sind nach außen gerichtet und leiden. Die Transzendentale Meditation ist ein direkter Weg, den Geist in die Kammer der Glückseligkeit im Inneren zu führen und alles Leiden im Leben hört auf.

Frage: Den Menschen im Westen, und besonders den Christen, fällt es sehr schwer zu akzeptieren, dass das Leben Glückseligkeit ist, weil ihnen beigebracht wird, dass das ganze Leben ein Kampf ist.

Maharishi: Weil sich das Leben im Westen eher an der Oberfläche abspielt. Die westliche Philosophie hat den inneren Werten des Lebens keine große Bedeutung beigemessen, aber das heißt nicht, dass die ursprünglichen religiösen Schriften im Westen nichts mit dem inneren Leben zu tun haben. Es ist nur die Tragik der Erziehung, die zu einem solchen Missverständnis geführt hat. Selbst für diejenigen, deren Geist auf Leiden fixiert ist und die Leiden als die Natur des Lebens betrachten, ist es höchste Zeit, ihr Verständnis zu berichtigen und anzuerkennen, dass das Leben Glückseligkeit ist.

Frage: Das Christentum sagt, das Leben sei ein Kampf.

Maharishi: Dann interpretieren wir es auf diese Weise: Das Leben ist ein Kampf. Aber das Christentum soll Ihnen zeigen, dass Sie diesem Kampf entkommen können, und wenn Sie dem Christentum nicht folgen, müssen Sie sich diesem Kampf stellen! Wir wollen es gut meinen. Deshalb sollte diese Lehre des Christentums in einem guten Sinne interpretiert werden, weil wir es gut meinen. Wenn wir akzeptieren, dass das Leben ein Kampf ist, dann betrachten wir das nicht als absolute Wahrheit, sondern als eine Annäherung an die Wahrheit. Wenn ein Mensch leidet, und man ihm sagt, dass das Leben Leiden ist, dann findet er ein wenig Erleichterung. Dann lautet die Botschaft Christi »Das Himmelreich ist in meinem Inneren.« »Trachtet zuerst nach dem Reich Gottes, so wird euch alles andere zufallen.« Fangen Sie also an, nach innen zu schauen, wo das Reich Gottes liegt, und wenn das Selbst verwirklicht ist, verschwinden alle Schmerzen und Leiden.

Frage: Glauben Sie nicht, dass Schmerz und Leid notwendig sind als Ansporn, um darüber hinauszuwachsen? Andernfalls könnte man, ständig glücklich, damit zufrieden sein, so zu bleiben, wie man ist.

Maharishi: Wenn der Mensch dauerhaft glücklich ist, dann hat er den Zustand des Glücks erreicht, für den er geboren wurde. Leiden an sich ist kein Verdienst. Das Verdienst des Lebens ist das Glück. Leiden ist negatives Glück; wir wollen positives Glück, ewige Glückseligkeit im Leben. Leiden ist eine Verzögerung, ein Abstieg in der Evolution, denn Leiden ist das Ergebnis von Sünde und behindert den Fortschritt. Wenn jemand leidet und sich an Gott erinnert, steigt er nach oben, nicht wegen des Leidens, sondern weil er sich an Gott erinnert. Er schreitet voran in Richtung Evolution; Leiden führt in die entgegengesetzte

Richtung. Transzendentale Meditation ist der Weg, das Tor des Leidens zu schließen und das Tor der Freude zu öffnen.

Frage: Auch für die Bildung des Charakters muss man im Leben Opfer bringen und Leid auf sich nehmen und gute Arbeit in irgendeiner Form leisten. Trägt das nicht zur spirituellen Entwicklung bei?

Maharishi: Ich glaube nicht, dass es etwas mit der Entfaltung höheren Bewusstseins zu tun hat. Es macht einen Menschen verständiger, und er verbessert sich im Verhaltensbereich, und wenn ein Mensch besser im Bereich des Verhaltens ist, dann spürt er ein wenig mehr Frieden als andere, aber das ist nicht die Entfaltung höheren Bewusstseins. Spiritualität lässt sich nicht erkaufen.

Frage: Ist es das, was man Erbsünde nennt?

Maharishi: Die Dinge der Welt zu genießen ist keine Sünde. Die guten Szenarien, die der allmächtige Vater für uns bereitgestellt hat, damit wir uns an ihnen erfreuen, sind die Sonne, der Mond und die gesamte Schöpfung. Der Mensch ist nicht geboren, um zu leiden. Doch wenn er das Leben nicht genießt, beginnt er zu leiden.

Wir frösteln auf der Veranda nur, weil wir nicht in der Wärme des Wohnzimmers sind. Wenn wir wollten, könnten wir jederzeit dort sein. Es ist eine Frage der Wahl. Wir erfreuen uns an der Vielfalt der Schöpfung. Die Einheit steht für uns bereit, damit wir sie jederzeit genießen können. Wir können die Einheit und gleichzeitig die Vielfalt genießen. Sie sind die beiden Pole unseres Lebens, und beide zusammengenommen machen das Leben vollständig. Das eine ohne das andere ist unvollständig. Der negative Pol eines Magneten und sein positiver Pol – beide zusammengenommen ergeben einen Magneten. Die

Positivität des einen ist auf die Negativität des anderen zurückzuführen, und die Negativität des einen auf die Positivität des anderen.

Der positive Pol repräsentiert die Freuden des Lebens, während Leid den negativen Aspekt des Lebens darstellt. Aber es gibt auch einen neutralen Punkt des Lebens zwischen den beiden Polen, der weder von Freude noch von Leid berührt wird. Das ist das transzendentale göttliche Sein, das Himmelreich im Inneren. Es hat keine Merkmale. Jenseits von Freude und Leid liegt das absolute Sein. Man kann bestimmte Dinge tun und das Ergebnis genießen, und man kann bestimmte Dinge tun und als Folge davon leiden.

Wenn Sie weder genießen noch leiden wollen, bleiben Sie am neutralen Punkt, ruhen Sie in Ihrem eigenen Selbst. Aber wundersamerweise befinden wir uns, wenn wir in uns selbst ruhen, auf der Ebene der Freude viel höher, als wir es jemals sein könnten, wenn wir uns im relativen Bereich der Freude befinden. Der Ozean des Glücks steht uns also offen. Es ist eine Frage der Wahl. Die Wahl der Transzendentalen Meditation bringt den Genuss der absoluten Glückseligkeit im Inneren.

Frage: Maharishi, dieses Zentrum zu finden, scheint bisher ein gut gehütetes Geheimnis gewesen zu sein. Warum?

Maharishi: Weil es jenseits der Relativität liegt. Es gibt ja sogar in der Relativität subtile Bereiche, die wir nicht sehen können. Und wenn unsere Sinne nicht einmal diese subtilen Aspekte der konkreten Schöpfung wahrnehmen können, was ist dann mit dem Bereich, der jenseits des subtilsten Bereichs der Schöpfung liegt? Darum übersehen wir offensichtlich diesen Bereich. Dennoch ist das unsere eigene Natur, und das, was unser eigen ist, kann einfach nicht übersehen werden. Kein

Mensch kann sagen: »Ich habe mich selbst übersehen.« Transzendentale Meditation bringt die Erfahrung des Selbst.

Frage: Das Leiden von Millionen Menschen in den Konzentrationslagern – lag das an ihrem Karma? Warum müssen unschuldige Kinder leiden?

Maharishi: Unschuld ist Unschuld; sie leidet nicht. Wie kann sie leiden? Wenn man leidet, ist das immer das Ergebnis der eigenen Handlungen in der Vergangenheit.

Frage: Wenn es den Menschen in Richtung des Glücks drängt, warum sagen Sie dann: »Es gibt keinen Grund, auf dem Weg zum Himmelreich zu leiden?«

Maharishi: Weil wir auf dem Weg zum Licht nicht an zunehmende Dunkelheit denken können. Wenn wir in Richtung Himmel vorankommen, dann sollte das Glück und nicht das Leiden zunehmen. So wird klar, dass Leiden für den Genuss des Lebens, für die Erleuchtung nicht notwendig ist.

Frage: Liegt es an der Unwissenheit, dass ein Mensch das Leiden wählt?

Maharishi: Ja, an der Unkenntnis. Er weiß nicht, dass der Weg zum Glück in einer anderen Richtung liegt; er weiß es einfach nicht.

Frage: Es gibt Millionen von Menschen, die krank sind oder hungern, sie können nicht glücklich sein.

Maharishi: Warum nicht?

Frage: Es sei denn, es wird etwas für sie getan, für die Hungernden, die Schwerkranken oder die Kinder – wie geht man damit um?

Maharishi: Der hungrige Mensch kann mit Transzendentaler Meditation ein glücklicher hungriger Mensch sein! Wenn er Transzendentale Meditation ausübt, wird er ein glücklicher hungriger Mensch sein; wenn er nicht meditiert, wird er Hunger und Elend erleiden. Hunger ist da, Hunger ist eine Sache. Nun wird der Hunger durch Brot und Butter verschwinden, aber auch ohne Brot und Butter könnte der Mensch glücklich gemacht werden, indem man ihn in das Feld der Glückseligkeit im Inneren führt, indem man die Aufmerksamkeit dorthin lenkt.

Die Befriedigung des Hungers allein ist nicht der ganze Zweck des Lebens; es ist ein Aspekt des Lebens, und er wird als ein wesentlicher Aspekt des Lebens akzeptiert, aber viel wichtiger sind die anderen Aspekte des Lebens. Wenn die Aufmerksamkeit auf das Himmelreich gelenkt wird, wird er kein unglücklicher Mensch sein.

Frage: Kann er durch seine Meditation auch andere Menschen glücklicher machen?

Maharishi: Oh ja, denn wenn wir die Transzendentale Meditation nicht praktizieren, werden wir unglücklich sein und das Elend widerspiegeln, und das wird sich auf andere auswirken. Aber wenn wir meditieren, werden wir innerlich fröhlich und folglich strahlen wir Glück aus und machen andere glücklich. Aber wenn wir die Technik der Transzendentalen Meditation an andere weitergeben könnten, könnte die ganze Welt glücklich sein. Deshalb wurde der Dreijahresplan des Spiritual Regeneration Movement zur Ausbildung von Meditationslehrern ins Leben gerufen, damit alle Menschen in ihrer Nachbarschaft speziell geschulte Meditationslehrer finden, die die Technik sachkundig vermitteln können. Dann wird das menschliche Elend beseitigt werden.

Frage: Zur Frage der Transzendentalen Meditation: Wie sollte der hungrige Mensch meditieren?

Maharishi: Er sollte das Brot vergessen, er braucht nicht über Brot zu meditieren. Die Technik besteht darin, in den Bereich des Transzendenten einzutauchen. Wenn Sie etwas erreichen wollen, dann lösen Sie sich vollständig von dem Gedanken daran. Wir müssen nicht über Brot nachdenken; »Suchet zuerst das Himmelreich – so wird euch alles andere zufallen.«[19]

Frage: Gibt es in Ihrer Philosophie keinen Raum für ein sehr feines, tiefes und kontinuierliches Gleichgewicht zwischen Leiden und Frieden, die beide im gleichen Bereich und zur gleichen Zeit existieren, wobei das eine zum anderen führt?

Maharishi: Gut. Es gibt den Zustand des Lebens, in dem ein Mensch leidet, sich jedoch nicht über das Leiden ärgert; er akzeptiert das Leiden und erlangt Frieden in seiner Resignation gegenüber dem Leiden.

Aber das kann man nicht als Erfüllung des Lebens bezeichnen, denn dieser Friede basiert nur darauf, dass man nicht in der Lage ist, das Leid zu überwinden. Dieser Friede ist nur auf eine lebensverneinende Einstellung zurückzuführen, als ob es im Leben offensichtlich keine Chance gäbe, das Leiden zu überwinden; und es wird im Namen Gottes, im Namen der Freiheit hingenommen.

Das ist eine intellektuelle Herangehensweise an das Leiden, wenn man nicht weiß, wie man Leiden beseitigen kann. Sie sagen einfach, Leiden sei notwendig, um das Himmelreich zu erlangen, nur um diejenigen zu beruhigen, die im Leiden gefangen sind; aber das ist eine falsche Einstellung.

Frage: Was ist mit dem Menschen, der versucht oder nicht versucht hat, das Leiden zu überwinden, der sich jedoch durch seinen

---

19 Lutherbibel Matthäus 6:33: Trachtet zuerst nach dem Reich Gottes und nach seiner Gerechtigkeit, so wird euch das alles zufallen.

freien Willen dafür entscheidet, Leiden und Frieden beides im Gleichgewicht zu halten?

Maharishi: Erstens, die Entscheidung, das Leiden hinzunehmen, ist für den Menschen unnatürlich, denn er muss sich anstrengen, um sich mit dem Leiden abzufinden. Erst dann ist er in der Lage, still zu leiden. Der Geist akzeptiert von Natur aus Freude, aber nicht das Leid. Das liegt einfach daran, dass man nicht über die Mittel verfügt, es zu überwinden. Das ist eine lebensverneinende Geisteshaltung.

Frage: Und was ist mit dem Menschen, der über die Akzeptanz des Leidens noch hinausgeht und es regelrecht begrüßt – ist das noch unnatürlicher?

Maharishi: Noch unnatürlicher, eindeutig noch unnatürlicher.

Frage: Leiden wie Christus?

Maharishi: Nein, nein, niemals! Christus hatte einen sehr natürlichen Lebenszustand; Christus hat nie gelitten. Nein, nein, Christus hat nie gelitten.

Frage: Jesus, der Mann, hat gelitten, aber nicht Christus?

Maharishi: Nein, nein, da ist kein Fehler in meiner Aussage. Ich meine, was ich sage. Jesus hat nie gelitten, und diejenigen, die ihn leiden sahen, sahen ihn von ihrer eigenen Ebene des Leidens aus, sodass sie nichts anderes als Leiden in ihm sehen konnten. Er kam nicht auf die Erde, um zu leiden; er kam auf die Erde, um das Leiden zu beseitigen, und um ein lebendiges Beispiel für Glückseligkeit in allen Bereichen des Lebens zu sein. Er hat den Menschen niemals ein Beispiel des Leidens gegeben. Er führte einfach ein vorbildliches Leben, ein sehr mutiges Leben, ein Leben voller Freude. Diejenigen, die ihn leiden sahen, sahen ihn leiden, weil sie selbst litten. Sie konnten nur

Leid sehen, so wie alles grün erscheint, wenn man durch ein grünes Glas schaut.

Frage: Warum rief er dann zu Gott: »Warum hast du mich verlassen?«

Maharishi: Er kam in die Welt, um das Leiden zu beseitigen, und jetzt, da er ging, stellte er fest, dass das Leiden in der Welt noch nicht beseitigt war. Also fragte er Gott: »Warum hast du mich verlassen? Du hast mich gesandt, um das Leiden zu beseitigen, und die Aufgabe ist noch nicht erfüllt. Warum holst du mich weg, bevor meine Aufgabe erfüllt ist?«

Ein Sohn spricht mit seinem Vater, und es herrscht Offenheit zwischen ihnen; es gibt keine Förmlichkeit, und wenn der Vater sagt, komm zurück, fragt er nach dem Grund. Es herrscht Offenheit zwischen dem Sohn und dem Vater, und auf diese Weise unterhielten sie sich.

Frage: Wenige Minuten zuvor hatte er einen der Diebe am Kreuz zurechtgewiesen. Er sagte, der eine sei ein guter Kerl und könne bei ihm im Himmel sein, und der andere lehnte ihn ab; doch schon nach vergleichsweise kurzer Zeit war er sicher, dass er in den Himmel kommen würde. Dann wendet er sich um und weist seinen eigenen Gott zurecht, was ein sehr eigenartiges Verhalten ist, das ich nie verstehen kann.

Maharishi: Sie haben Recht, wenn Sie das nicht verstehen; niemand würde es verstehen, wenn er Gott zurechtgewiesen hätte. Er hat Gott nicht zurechtgewiesen.

Frage: Ich denke, es ist eine Zurechtweisung zu sagen: »Warum hast du mich fallenlassen?«

Maharishi: Nein, nein, Sie vergessen, dass zwischen Vater und Sohn eine enge Verbundenheit und Offenheit bestand, und die unschuldige Art, in der er sagt: »Oh! Warum verlässt du mich? Das ist die Aufgabe, die du mir gegeben hast, und sie ist noch nicht erledigt; warum holst du mich weg?«

Frage: Er sagte, »dein Wille geschehe«, direkt im Anschluss an diese Worte.

Maharishi: »Dein Wille geschehe« heißt: Obwohl meine Aufgabe noch nicht erledigt ist, soll »dein Wille geschehen«, und ich komme zu dir. Es ist absolut falsch, in Begriffen des Leidens Christi zu denken. Wenn der Anführer gelitten hätte, wie können sich dann seine Jünger erfreuen?

Frage: Durch Leiden?

Maharishi: Nein, das geht über den gesunden Menschenverstand hinaus.

Frage: Muss man die Kraft zum Leiden haben, Maharishi?

Maharishi: Nein, sehen Sie nur, was in der Bibel steht. Wenn ein Mensch leidet, lass ihn glauben, dass Gott will, dass er leidet, und dieses Leiden zu großer Freude führen wird. Wenn man akzeptiert, dass das Licht am Tag kommen, und die Dunkelheit der Nacht verschwinden wird, heißt das nicht, dass die Dunkelheit der Nacht für das Kommen des Lichts notwendig ist. Aber wir akzeptieren auf intelligente Weise die Dunkelheit, um das Leiden zu lindern. Diese Sichtweise des Leidens dient nur dazu, den Schmerz des Leidens in der Zeit des Leidens zu verringern. Wir sollten es so annehmen, wie es kommt, denn es wird vorübergehen und Freude hervorrufen. Das ist lediglich eine intelligente Sichtweise des Leidens, sie soll und kann das Leiden nicht als Ziel des Lebens festlegen.

Ein Mensch beginnt zu leiden – er soll Gott nicht dafür tadeln, sondern es als seinen Willen annehmen, denn es soll zu Freude führen. Ertragen Sie es also geduldig. Das ist der Zweck der Betonung des Leidens. Es geht nicht darum, dass man weiterhin Elend und Leiden kultiviert und sein ganzes Leben lang daran festhält, in dem Glauben, dass der Pfad des Leidens der einzige Pfad zum Himmelreich ist. Es ist falsch zu sagen, dass man das Licht nur haben kann, wenn man die Dunkelheit annimmt. Das Leben ist zum Genießen da, das Leben ist Glückseligkeit.

Der Zweck der Nachfolge Christi besteht darin, das Himmelreich im Inneren zu erlangen und allem Leiden ein ewiges Ende zu setzen, sodass kein Funke des Leidens, kein Schatten der Dunkelheit jemals übrigbleiben kann. Diese Nachfolge Christi dient der ewigen Glückseligkeit hier und jetzt, von Augenblick zu Augenblick. Wenn wir das erreichen könnten, dann wären die Christen die wahren Nachfolger Christi, die Buddhisten die wahren Nachfolger Buddhas, die Hindus die wahren Nachfolger Kṛishṇas, und alle würden erkennen, dass das Leben nicht mit Leiden verschwendet werden darf. Wenn der Zweck der Religion darin besteht, uns im Leiden zu halten, dann brauchen wir eine solche Religion nicht. Eine Religion soll den kürzesten Weg aus dem Leiden zeigen und uns auf der Ebene der Glückseligkeit etablieren. Und es sollte eine Abkürzung sein, kein langer, gewundener Weg, denn wir wollen das Ziel genießen und nicht ständig auf dem Weg feststecken.

Nur ein paar Minuten Praxis der Transzendentalen Meditation am Morgen und am Abend und Christusbewusstsein wird erlangt. Wir gelangen nicht durch Leiden zum Christusbewusstsein, sondern durch die von ihm gegebene Formel: »Das Himmelreich liegt im Inneren«, und zwar durch direkte Verbundenheit am Morgen und am Abend, und wenn diese Verbundenheit hergestellt ist, »wird euch alles andere zufallen«. Wo ist das Leiden?

Christus hat nie gesagt: »Leidet und lasst euch ans Kreuz hängen.« Das ist nicht seine Lehre. Seine Lehre lautet: »Genieße das Himmelreich im Inneren«, und das ist Glückseligkeit.

Frage: Ist nicht das Kreuz das Symbol für Leiden?

Maharishi: Nein, das Kreuz repräsentiert nicht das Leiden, und das soll es auch nicht. Vielmehr ist es das Symbol für ewiges Leben. Es repräsentiert die kosmische Existenz, die Fülle des Lebens. Ein vollkommen integriertes Leben ist ein Leben, in dem die materiellen Werte und die spirituellen Werte harmonisch verbunden sind. Das christliche Kreuz steht für ein solches Leben – ein Leben in voller Glückseligkeit, Weisheit und Kreativität.

Das Kreuz hat einen vertikalen und einen horizontalen Balken. Der horizontale Balken steht für die materiellen Werte des Daseins – das Leben in seiner äußeren Erscheinungsform. Der vertikale Balken symbolisiert die spirituellen Werte des Lebens – die inneren herrlichen Aspekte der menschlichen Existenz – und wenn die beiden gekreuzt sind, bedeutet das Kosmisches Bewusstsein. Und das Schöne am Kreuz ist, dass die Vertikale länger ist als die Horizontale, und es die Vertikale ist, auf der der horizontale Balken ruht.

Frage: Nach christlichem Verständnis werden wir im Leben entweder durch eine Belohnung oder eine Bestrafung angetrieben. Was wird aus diesem Konzept, wenn sich Ihr System der Transzendentalen Meditation verbreitet?

Maharishi: Jeder wird belohnt werden!

Frage: Wenn man vollkommenes Glück erlangt, wie sollte man sich dann gegenüber dem Leiden derjenigen verhalten, die nicht zu unserer Familie oder Freunden gehören, deren Leiden aber auf praktische Weise gelindert werden muss?

Maharishi: Wer die praktischen Möglichkeiten hat, anderen zu helfen, wird die praktischen Mittel nutzen, und wer die Möglichkeit hat, durch Transzendentale Meditation zu helfen, setzt diese als Mittel ein.

Frage: Sollte man Transzendentale Meditation anbieten oder warten, bis man gefragt wird?

Maharishi: Oh, nein! Wenn ein Mensch leidet, fehlt ihm der klare Kopf, um zu wissen, dass Sie ihm möglicherweise helfen können. Sie sollten ihm auf überzeugende Art und Weise das anbieten, was er Ihrer Meinung nach braucht. Lassen Sie ihn wissen, dass Sie für ihn da sind, wenn er Hilfe braucht. Ein Arzt hängt ein Schild an die Tür, und dann wissen die Patienten, wohin sie gehen können.

HEILUNG IST DIE NATÜRLICHE FOLGE DER TRANSZENDENTALEN MEDITATION[20]

Frage: Manche Menschen haben Heilkräfte. Sie können andere Menschen heilen.

Maharishi: Ja.

Frage: Sind diese suggestiven Kräfte die Stärke eines Geistes über einen anderen Geist oder etwas anderes?

Maharishi: Es gibt mentale Heilung durch die Kraft des Geistes. Aber diese Heilkraft ist eine Eigenschaft des Körpers.

---

20 Über 600 wissenschaftliche Studien dokumentieren die positiven Wirkungen der Transzendentalen Meditation und des TM-Sidhi-Programms in allen Lebensbereichen, psychologisch, physiologisch, soziologisch und ökologisch. Siehe: *Scientific Research on Maharishi's Transcendental Meditation and TM-Sidhi Programme, Collected Papers, Volume 1-7*

Einige Strahlen werden ständig über den Körper abgegeben, manchmal über die Hände oder andere Extremitäten des Körpers. Manche Menschen bilden mehr dieser Energiestrahlen im Körper, und wenn sie meditieren, wird mehr Energie produziert und beginnt, durch ihren Körper zu fließen. Es ist lediglich eine Eigenschaft des jeweiligen Körpers. Manche Körper sammeln mehr dieser Strahlen an.

Frage: Hilft es, dem Patienten die Hände aufzulegen?

Maharishi: Ja, weil die Heilkraft durch ihren Körper fließt. Sie fließt durch die Hand und wenn sie die betroffene Stelle berührt, scheint es Linderung zu verschaffen. Die Heilkraft des Geistes erfordert keine Berührung des Körpers; ein Gedanke genügt. Heilung kann auch durch Sehen erfolgen. Ein Mensch steht vor Ihnen, Sie sehen ihn an, und er fühlt sich besser – die gleichen heilenden Strahlen. Heilung durch Sprache – wenn jemand Kopfschmerzen hat, kann man sagen: »Es sind nur Kopfschmerzen, gehen Sie nach Hause, es wird alles gut.« Ein paar Worte werden gesprochen, und die Kopfschmerzen verschwinden.

Frage: Man muss an die gesprochenen Worte glauben.

Maharishi: Glauben oder nicht glauben, es hängt von der Kraft der gesprochenen Worte ab. Das ist ein physikalisches Phänomen. Wenn der Mensch glaubt, dann erzeugt er keinen Widerstand. Wenn er nicht glaubt, ist zwar Widerstand da, aber wenn die Kraft der gesprochenen Worte stark ist, überwinden sie den Widerstand.

Wenn die Kraft der gesprochenen Worte gering und der Widerstand groß ist, haben sie keine Wirkung. In diesem Fall gilt „Might is right" (Macht geht vor Recht), das heißt im übertragenen Sinne „die starke Kraft zeigt Wirkung".

Frage: Wenn ein Mensch mit einer Krankheit geboren wird, kann er durch Transzendentale Meditation geheilt werden?

Maharishi: Wenn der Körper nicht geheilt wird, wird die Seele geheilt. Wir können das nicht verallgemeinern, denn es hängt von der Art der Krankheit und der Fähigkeit zur Meditation ab. Aber es besteht kein Zweifel daran, dass psychosomatische Erkrankungen gut durch Transzendentale Meditation geheilt werden können. Wir behandeln die Krankheit nicht als solche; die Heilung ist die natürliche Folge der Transzendentalen Meditation.

TRANSZENDENTALE MEDITATION IST WIRKUNGSVOLLER ALS PSYCHOANALYSE

Frage: Eine psychiatrische Behandlung scheint jemandem nicht zu helfen, der seit vielen Jahren an einer psychosomatischen Erkrankung leidet, die eine Art Lebensmuster von Auf und Ab angenommen hat. Können Sie erläutern, waran das liegt?

Maharishi: Der Keim der Erkrankung wird nicht aufgedeckt; er bleibt bestehen. In der Psychoanalyse wird die Ursache zurückverfolgt und an die Oberfläche des Geistes gebracht, und man glaubt, dass dadurch die eigentliche Ursache beseitigt wird. Die gegenwärtige Krankheit kann das Ergebnis einer vergangenen Handlung sein, also wird die Handlung ins Bewusstsein gebracht und herausgezogen.

Auf diese Weise wird jedoch nur eine Ursache beseitigt. Aber was ist die Ursache der Ursache? Der eigentliche Ursprung, der Keim, bleibt verborgen. Zum Beispiel: Jemand ist misshandelt worden. Die Misshandlung wird analysiert und die Person fühlt sich vorübergehend besser, aber die Ursache der Erkrankung ist vielleicht noch nicht beseitigt worden. Wenn also nicht alle Zwischenschritte oder Ursachen auf die Ebene der bewussten Wahrnehmung gebracht werden, wenn die Aufmerksamkeit nicht auf alle Ursachen und – was am wichtigsten ist – auf die Ursache aller Ursachen, das Transzendente, gerichtet wird, bleibt der Keim der Erkrankung bestehen. Die Transzendentale Meditation erreicht hingegen mehr: Sie führt Ursache um Ursache zurück auf die ursprüngliche Quelle.

Frage: Manchmal müssen wir Psychiater aufsuchen und sie bitten, uns zu helfen. Hilft die Transzendentale Meditation dabei, das Unterbewusste aufzuarbeiten, und hilft sie einem Menschen, die Dinge wirklich in Ordnung zu bringen? Schließlich sind diese Dinge im Unterbewusstsein sehr stark, und wir erkennen nicht, was sie wirklich sind. Können Sie etwas dazu sagen?

Maharishi: Die Meditation erledigt das alles millionenfach besser als die Psychoanalyse. Sie dringt in viel tiefere Schichten des Unterbewusstseins ein als die heutige Psychologie. Die moderne Psychiatrie geht davon aus, dass die aktuellen psychischen Probleme auf eine frühere Handlung oder eine Einstellung in der Vergangenheit zurückzuführen sind; und durch die Psychoanalyse wird die Erinnerung an Vergangenes ausgegraben. Wenn nun das heutige Elend die Folge eines Vorfalls ist, der beispielsweise 20 Jahre zurückliegt, was war dann die Ursache für diesen Vorfall?

Vor etwa 50 Jahren gab es einen anderen Vorfall, der eine Rolle spielt, und so weiter. Wir werden eine Wirkung bis zu ihrer Ursache zurückverfolgen müssen, und durch die Kette von Ursache und Wirkung werden wir den Punkt erreichen müssen, an dem das Leben erstmals begann. So müssen wir durch das gesamte

Tierreich zurückgehen, bis wir zur Ursache aller Ursachen gelangen, der Quelle der Schöpfung. Und wenn man die Quelle der Schöpfung erreichen könnte, hätte man alle Ursachen und Wirkungen abgearbeitet und somit wären alle Wirkungen ein für allemal beseitigt. Die Psychiatrie geht in der Kette von Ursache und Wirkung nur ein oder zwei Schritte zurück, weil sie mit dem Gedächtnis arbeitet, und das Gedächtnis des Menschen ist in der Tat kurz und auf sein gegenwärtiges Leben begrenzt.

Eine völlig andere Technik ist erforderlich, um die gesamte Kette von Ursache und Wirkung bis an ihren Ursprung zurückzuverfolgen. Und das ist nur möglich durch das System der Transzendentalen Meditation, bei dem die gesamte Tiefe des Geistes – Bewusstes, Unterbewusstes und Unbewusstes – durchquert wird, bis das transzendentale Sein – die Quelle der Schöpfung – erreicht wird.

Frage: Unabhängig von der Zeit?

Maharishi: Über die gesamte Zeitspanne, die gesamte Vergangenheit.

Frage: Von Anbeginn der Schöpfung?

Maharishi: Direkt ab dem Zeitpunkt der Schöpfung bis zum Feld des Schöpfers. Das ist der Wert der Transzendentalen Meditation. Diese Meditation ist wie ein Fahrschein für eine Weltreise, während die Psychiatrie wie eine Fahrkarte zu einer oder vielleicht zwei Stationen ist. Wenn wir großzügig sind, sagen wir drei Stationen.

Frage: Lehrt die Transzendentale Meditation die Menschen, über dem Einfluss der Familie zu stehen?

Maharishi: Um sie nicht nur über den Einfluss der Familie, sondern auch über die Wirkungen ihres Karmas hinauszuführen, geben Sie ihnen die Transzendentale Meditation, lassen Sie sie transzendieren. Geben Sie ihnen die Transzendentale Meditation und das Transzendieren erledigt alles – nicht die Empfehlungen, ihre familiären Bindungen zu zerstören. Dann sind sie nirgendwo, einfach nirgendwo. Die Psychiatrie ist in ihren Wirkungen so unvollständig, dass es überrascht, wie sich eine solche Behandlung verbreitet. Sie zerstört nur die Beziehungen und die familiären Zuneigungen der Menschen.

Frage: Wenn jemand, der Transzendentale Meditation ausübt, die höchste Stufe erreicht hätte, würde sie dann auch den Rest seiner Familie erreichen?

Maharishi: Die Angehörigen haben einen großen Nutzen davon. Denn aufgrund der Blutsverwandtschaft erreichen die Schwingungen, die Gedankenschwingungen, die Blutsverwandten leichter als andere.

TRANSZENDENTALE MEDITATION UNTERSCHEIDET SICH DEUTLICH VON SELBSTHYPNOSE

Frage: Glauben Sie, dass es richtig ist, Hypnose anzuwenden, da Hypnose eine Art Versklavung des Geistes eines anderen Menschen ist?

Maharishi: Ja, sie ist sehr schlecht. Du versklavst einen anderen Geist und löschst seine Persönlichkeit aus und benutzt den Körper durch deinen Geist. Das ist falsch. Aber wenn der andere geheilt wird – in Ordnung. Hypnose hat sowohl gute als auch schlechte Seiten. Wenn ein Mensch gelegentlich kurze Zeit hypnotisiert wird, um ein bestimmtes Ergebnis zu erzielen, Schmerz zu lindern oder Ähnliches, dann ist das hilfreich.

Aber wenn wir einen Menschen ständig benutzen und seine Persönlichkeit auslöschen und Macht über seinen Körper erlangen, dann führt das zu einer Störung der Koordination zwischen seinem Geist und seinem Körper. Seine Sinne werden genutzt, aber nicht durch seinen eigenen Geist. Ein anderer Geist dominiert. Dadurch entsteht ein Zustand der Desintegration von Körper und Geist, Sinnen und Geist. Das eigene Bewusstsein wird unterdrückt, und das beseitigt die Möglichkeit, ein höheres Bewusstsein zu entwickeln. Daher ist die wiederholte Anwendung von Hypnose keine gute Praxis.

Frage: Gilt das auch für Selbsthypnose?

Maharishi: Dasselbe gilt für Selbsthypnose, wenn auch nicht dieselbe Logik. Selbsthypnose ist ein Prozess, der den Intellekt ausschaltet. Der Geist darf nicht funktionieren. Eine einzige emotionale Vorstellung wird immer wieder wiederholt, bis sie den Geist in einem solchen Maß ausfüllt, dass nur diese Vorstellung Wirklichkeit wird. Der Intellekt ist ausgeschaltet.

Der Mensch fühlt: »Ja, ich schlafe.« Wenn der Intellekt wach wäre, würde er sagen: »Was bist du für ein Narr! Aber du bist doch hellwach!« Der Mensch hat sich so sehr mit dieser Vorstellung identifiziert, dass sie allein zur lebendigen Wirklichkeit wird. Das geschieht auf Kosten des Intellekts.

Selbsthypnose unterdrückt also die intellektuelle Entwicklung. Sie führt zu einer emotionalen Entwicklung. Da sie der Vernunft, dem intellektuellen Aspekt der eigenen Persönlichkeit, keine Chance gibt, macht sie den Menschen dumpf und sein Intellekt stumpft ab. Diejenigen, die Opfer der Selbsthypnose sind, sind im Allgemeinen eher emotional als intellektuell. Nur ein Aspekt, nämlich der emotionale, ist wach, und der Intellekt wird schlafen gelegt.

Frage: Ist es möglich, Selbsthypnose anzuwenden, ohne es zu wissen?

Maharishi: Auf diese Weise hat sich der Durchschnittsmensch selbst hypnotisiert und ist aus der Glückseligkeit herausgekommen. Obwohl er von Natur aus eigentlich glückselig ist, findet er sich leidend wieder. Als ob die Glückseligkeit allein außerhalb seiner Erfahrung liegt , während er alles andere erfährt. Das ist Selbsthypnose. Es ist, als ob der Mensch sich selbst in einem solchen Maße mit seiner Umgebung identifiziert, dass er seine eigene wahre, essenzielle Natur völlig vergisst.

Frage: Gibt es Anzeichen von Selbsthypnose bei der Transzendentalen Meditation?

Maharishi: Bei der Transzendentalen Meditation gibt es keine Hypnose.

Frage: Kann sie sich nicht einmal in sie einmischen?

Maharishi: Nicht einmal ein Schatten davon!

Frage: Auch nicht unwissentlich?

Maharishi: Nein, das kann sie nicht. Weil die Transzendentale Meditation nicht auf die Bedeutung eingeht. Wenn wir meditieren, achten wir nicht darauf, wohin wir gehen. Die Absicht ist als Aspekt im Prozess einfach nicht enthalten. Wir streben nichts an.

Frage: Es könnte sich eine Absicht einschleichen.

Maharishi: Die Absicht wird fallen gelassen. Wenn wir mit der Transzendentalen Meditation beginnen, lassen wir die Absicht los. Wir erfahren den subtilen Zustand des Denkens, dann den subtileren und noch subtilere Zustände. Wir greifen aber nicht nach jedem subtileren Zustand, sondern erfahren einfach, was kommt. Es ist ein Prozess des Erfahrens, kein Manipulieren, Erfassen, Beabsichtigen oder ähnlicher Dinge.

Frage: Ich könnte in diesem Stadium aufhören zu denken.

Maharishi: Das ist Denken.

Frage: Ist es das?

Maharishi: Denken, positives Denken. Wenn es kein Denken wäre, was erfahren Sie dann? Wir erfahren den Denkprozess. Der Gedanke ist der an eine Blume. In jedem Stadium des Prozesses erfahren wir die feinere Phase des Klangaspektes des Denkens. Es gibt keine Vorstellungskraft, kein Aufhören des Denkens. Der ganze Prozess ist der einer positiven Erfahrung der subtilen Zustände des Denkens. Das ist Transzendentale Meditation.

Frage: Die Erfahrung ist die des Denkens?

Maharishi: Gröbere Zustände des Sprechens, subtilere Zustände des Sprechens, noch subtilere Zustände des Sprechens, sind alle vom Denken abgeleitet – grobes und subtiles Denken. Das heißt, dass wir einen Gedanken erschaffen und ihn erfahren, ihn dann auf einen subtileren Grad reduzieren und den subtileren Aspekt erfahren und so weiter, bis wir das Transzendente erreichen. Das ist Transzendentale Meditation. Wir erfahren das, was kommt, wir stellen uns nicht vor, was noch nicht eingetreten ist. Sich vorzustellen, was noch nicht Wirklichkeit geworden ist, käme einer Selbsthypnose gleich.

Frage: Maharishi, was genau macht der Geist während dieser Transzendentalen Meditation?

Maharishi: Der Geist erfährt. Der Geist erfährt verschiedene Ebenen des Denkens, subtilere Ebenen des Denkens und gelangt schließlich zur Glückseligkeit. In dieser Meditationsmethode sagen wir nicht: »Ich gehe zur Glückseligkeit, ich gehe zur Glückseligkeit.« All das ist oberflächlich. Das wäre Selbsthypnose. Zu sagen: »Ich gehe zur Glückseligkeit, ich gehe zur Glückseligkeit«, und wenn Sie anfangen Glückseligkeit zu fühlen, dann ist das ein herbeigeführter Gedanke an die Glückseligkeit. Das ist Selbsthypnose. Selbsthypnose ist das, was emotionales Gefühl auslöst und den intellektuellen Aspekt des Menschen völlig ausblendet.

Wenn Sie sagen: »Ich bin ein König, ich bin ein König«, dann weiß der Intellekt in Wahrheit, dass Sie kein König sind, aber der Intellekt ist blockiert und kann nicht mehr funktionieren. Die Emotion ist so angeregt, dass Sie beginnen, sich als König zu fühlen. Es ist die Vorstellung - eine herbeigeführte Vorstellung vom Königtum, nicht der wirkliche Zustand des Königtums. Die Praxis der Selbsthypnose ist schädlich für die Leistungsfähigkeit des Menschen, weil sie den Intellekt unterdrückt. Diese Meditationspraxis entwickelt den Intellekt zusammen mit allen anderen Fähigkeiten, und die gesamte Persönlichkeit des Menschen wird integriert.

Frage: Wie unterscheidet sich Transzendentale Meditation von der Selbsthypnose?

Maharishi: Selbsthypnose ist ein Vorgang, bei dem die Persönlichkeit in eine bestimmte Bedeutung eingehüllt ist. Eine bestimmte Bedeutung wird aufgenommen und man denkt solange daran, bis der Geist von dieser Bedeutung eingenommen ist. Zum Beispiel: »Ich bin ein König«. Die Bedeutung wird aufgegriffen und der Satz wird immer wieder wiederholt, bis der Geist so sehr mit der Bedeutung angefüllt ist, dass er das Gefühl hat, das Königtum zu leben. Hierbei ist das Königtum keine Realität, sondern ein herbeigeführter Zustand; nur der Geist beginnt, es zu fühlen, weil der Geist völlig von der Bedeutung eingenommen ist. Der Geist ist so sehr von dieser Bedeutung durchdrungen, dass nur noch sie im Geist vorherrscht und nichts anderes zurückbleibt. Alle gegenteiligen Dinge verschwinden, und diese eine Vorstellung dominiert. Das ist Selbsthypnose.

In der Transzendentalen Meditation haben wir keine Vorstellung von irgendeiner Bedeutung; die Leute wissen nicht einmal, was das Mantra[21] bedeutet; es ist nur ein Wort. Nun, ein Wort wird einfach wiederholt, ohne seine Bedeutung zu kennen; es gibt nichts, in das die Persönlichkeit eingehüllt werden könnte, nur dass der Geist seine verschiedenen Schwingungen erfährt – subtile, subtilere, subtilste Schwingungen und schließlich verschwindet selbst das aus der Erfahrung.

Die Transzendentale Meditation wird also mit einem Medium begonnen, das nichts mit irgendeiner Bedeutung zu tun hat, und das Ziel der Meditation ist, dass der Geist von allem frei wird – ewige Befreiung erlangt. Das ist Transzendentale Meditation.

Hypnose beginnt mit einer Vorstellung, und diese Vorstellung wird so umfassend, dass sie den Geist vollständig einnimmt. Die Vorstellung gewinnt die Oberhand, und die wahre Natur des Geistes wird nicht gefunden. Als ob der Erfahrende, was auch immer er ist, nichts anderes ist als diese Vorstellung, und das ist ein Zustand völliger Unfreiheit – der Geist ist in dieser Vorstellung gefangen. Transzendentale Meditation resultiert darin, dass sie den Geist in die Freiheit führt; die Hypnose hingegen bindet den Geist vollständig an diese Vorstellung.

Die Transzendentale Meditation ist von Anfang an und während des ganzen Prozesses eine Erfahrung von etwas Positivem. Sie ist eine positive Erfahrung der Schwingungen des Mantras, des Klangs. Von Anfang an beginnt die Erfahrung unterschiedlicher Zustände dieses Mediums. In der Hypnose besteht die

---

21 Vergleiche S. 90 und S. 115-120

158

Erfahrung der unterschiedlichen Zustände von »Ich bin der König« darin, dass sich dieser Zustand immer mehr vertieft, und daher nimmt die hypnotische Gebundenheit mit jedem Schritt zu. Mehr und mehr, mehr und mehr fühlt man »Ich bin ein König«, bis der Prozess abgeschlossen ist. So nimmt nur die Unfreiheit zu, die Falschheit des Lebens wird größer.

In der Transzendentalen Meditation nimmt der Zustand der Befreiung zu, die Wirklichkeit des Lebens nimmt zu, weil das Mantra immer feiner und feiner, feiner und feiner wird, bis es unauffindbar ist und den Erfahrenden alleine zurücklässt. Das ist der Unterschied zwischen Hypnose und Transzendentaler Meditation; die eine bindet, die andere befreit.

Hypnose ist erfolgreich bei denen, die ihren Intellekt ausschalten können. Das sind die emotionalen Typen: eine Idee, und jene Idee und immer mehr davon – der Intellekt ist ausgeschaltet. Wenn der Intellekt wach wäre, würde er die Erfahrung »Ich bin ein König« jedes Mal hinterfragen. Der Intellekt würde melden »Wo ist der König?«. Wenn der Intellekt aber nicht arbeitet, kann ein Mensch, der emotional weiter entwickelt ist, sich in das Gefühl »Ich bin ein König« hineinsteigern. Und wenn der Intellekt bereits lahmgelegt ist, wenn er nicht wachsam ist, tritt er völlig in den Hintergrund, und die Emotionen werden als vollkommen wirklich empfunden. Das ist Hypnose.

Es gibt keine Ähnlichkeit zwischen den beiden, sie sind völlig verschieden und die Ergebnisse auch: unterschiedliche Ansätze, unterschiedliche Ziele. Das eine ist ein Prozess der völligen Obsession, eine Obsession durch Fiktion, die den Menschen in keinerlei Wirklichkeit führt; es wird nur eine imaginäre Welt erschaffen. Die Transzendentale Meditation dagegen führt den Geist zur Quelle der Schöpfung.

DIE ROLLE EINES ERLEUCHTETEN MEISTERS (LEHRERS)

Frage: Kann man die Treue zu einem Meister auf einen anderen Meister übertragen? Was wäre das Ergebnis?

Maharishi: Das Ergebnis wäre die Verwirklichung. Und das Ergebnis wäre das, wofür die Treue gehalten wurde. Die Treue gegenüber dem Meister wurde für die Verwirklichung gehalten, und wenn Verwirklichung nicht eintritt, dann war die Treue dem Falschen gegenüber gehalten. Wir halten einem Stein die Treue, die einem Diamanten zusteht, und wenn die Treue keinen Diamanten hervorbringt, was nützt sie dann? Wenn wir auf der Suche nach einem Diamanten sind, müssen wir viele Steine prüfen, die äußerlich den Glanz eines Diamanten haben, obwohl sie im Inneren nicht echt sind. Also halten wir jedem Stein die Treue und schauen, ob die Wirkung eintritt oder nicht.

Alle Treue gegenüber dem Meister sollte wie die Treue gegenüber einem Arzt sein. Wir rufen einen Arzt und tun, was er sagt, nicht um des Tuns willen oder dem Arzt zuliebe, sondern für die Heilung. Wenn eine Besserung eintritt, bleiben wir dem Arzt treu. Wenn aber keine Besserung eintritt, was nützt uns dann die Loyalität? Wenn der Arzt uns drängt, die Behandlung fortzusetzen, tun wir das für ein, zwei oder drei Wochen, aber irgendwann ist Schluss. Dann bitten wir ihn, Ergebnisse vorzuweisen, und wenn er das nicht kann, gehen wir zu einem anderen Arzt.

Der Meister, der unsere Treue verdient, ist derjenige, der uns den Weg zeigen kann, der uns weiterführt, der uns zur Wirklichkeit führt. Wir stellen fest, dass die Wirklichkeit allgegenwärtig ist. Ein Meister sollte das dem Schüler direkt zeigen können. Es sollte kein ewiger Weg sein! Heutzutage kündigt man in der Flugzeugfabrik neue Konstruktionen an, aber bevor sie tatsächlich in der Fabrik gefertigt werden, kommt schon wieder ein besserer Entwurf ,und der erste wird aufgegeben; immer bessere Jets kommen auf den Markt, und langsame Flugzeuge veralten. Das geschieht jeden Tag.

Es gibt einige gute Seelen, sehr zarte Seelen mit einem guten Herzen und einem sehr reinen Geist. Sie entwickeln eine starke Bindung an den Meister, und allem, was der Meister sagt, halten sie die Treue und glauben, dass er sie irgendwohin führen wird. Das ist die Eigenschaft eines sehr guten Herzens und Geistes, aber heutzutage ist es sehr schwierig, einen guten Meister zu finden. So wie die Welt heute beschaffen ist, sind die Qualitäten eines guten Meisters sehr selten und sehr schwer zu finden. Wir müssen also vorsichtig sein und irgendwie das Vehikel auswählen, von dem wir glauben, dass es das beste ist, und uns dann auf das Ziel zubewegen.

So wie die Welt heute ist, müssen wir sehr wachsam sein. Woher auch immer wir ein gutes Vehikel haben, wir verwenden es und versuchen, das Ziel zu erreichen. Ein Meister ist nur ein Führer. Wir lassen alles zurück, wenn wir auf das Ziel zu steuern. Deshalb ist unser Status in dieser Göttlichkeit das Wichtigste. Darauf müssen wir hinarbeiten, egal, woher wir es bekommen, um jeden Preis sollten wir darauf hinarbeiten – wenn nicht aus diesem Laden, dann von anderswo, besorgt das Brot, das bekömmlich ist und den Hunger stillt.

Allen Respekt dem Meister, dem stimmen wir zu, aber wenn ein Schüler sagt: »Oh! Von diesem Meister wurde ich wunderbar behandelt, er war so nett. Wie kann ich ihn verlassen und den Unterricht bei einem anderen besuchen?« Das ist eine schlechte Logik und schadet dem Fortschritt. Wir lernen von vielen Meistern. Macht weiter damit. Das Ziel sollte das Allerwichtigste sein.

Dieser Meister, jener Meister, diese Religion, jene Religion, diese Stufe oder jene Stufe, dieses Brot oder jenes Brot, dieser Gott oder jener Gott – all das ist unerheblich. Worauf es ankommt, ist die Verwirklichung. Heute werden wir in Amerika geboren, morgen in Indien, am dritten Tag in Afrika, am vierten in Australien. All das ist eine Frage von Raum und Zeit ud, von Land und Zivilisation, von Sprache und Schicksal, von Religion und Meister – all das ist immateriell. Was zählt, ist die Verwirklichung. Mit welchen Mitteln auch immer wir zur Verwirklichung gelangen können, wir sollten uns selbst verwirklichen. Diese Kleidung oder jene Sprache, dieses Land oder jener Glaube oder Religion – aal das ist nur gut, wenn es uns hilft, unseren Status zu verwirklichen. Wenn nicht, ist das alles nutzlos.

Zur Verwirklichung ist nicht viel erforderlich, nur die einfache Praxis der Transzendentalen Meditation am Morgen und am Abend und ein geregeltes, angenehmes Leben – Regelmäßigkeit in der Meditation und nicht viel Umherstreichen von hier nach da.

Generation um Generation wird der Mensch neu geboren. Jede Generation lässt neues Suchen nach Erfüllung entstehen, neue Lebensziele und neue Maßstäbe für Denken und Handeln. Jeder Mensch braucht gute körperliche und geistige Gesundheit, größere Fähigkeit zum Handeln und ein klares Denkvermögen, höhere Arbeitseffizienz, mehr Liebe und erfüllendere zwischenmenschliche Beziehungen. Er benötigt genügend Vitalität und Intelligenz, um seine persönlichen Wünsche zu erfüllen und Zufriedenheit im Leben zu erlangen. Wir haben erfahren, dass all dies durch die regelmäßige Ausübung der Transzendentalen Meditation erreicht werden kann.

– Maharishi

Teil Drei

ANHANG

EIN BLICK IN DIE ERRUNGENSCHAFTEN MAHARISHIS VON 1957 BIS 2008

Seine Heiligkeit Maharishi Mahesh Yogi, Begründer der Transzendentalen Meditation[22] und des weltweiten Spiritual Regeneration Movement (der Geistigen Erneuerungsbewegung – 1957), führte die Forschung auf dem Gebiet des Bewusstseins ein und brachte sieben Bewusstseinszustände ans Licht (1957 – 1967). Er schuf eine neue Wissenschaft und bildete 1972 2.000 Lehrer in der Wissenschaft des Bewusstseins, der Wissenschaft der Kreativen Intelligenz aus (inzwischen weit über 20.000 Lehrer der Transzendentalen Meditation).

Er führte 1972 den Weltplan[23] ein, um die uralten Probleme der Menschheit in dieser Generation zu lösen. 1975 entdeckte er im Ṛik Veda die Verfassung des Universums, das lebendige Potenzial des Naturgesetzes, erkannte in der gesamten Vedischen Literatur die strukturierende Dynamik des Ṛik Veda und feierte auf der Grundlage der Entdeckung des *Maharishi-Effekts* 1975 den Beginn des Zeitalters der Erleuchtung.

1976 schuf Maharishi eine Weltregierung für das Zeitalter der Erleuchtung, deren Souveränität im Bereich des Bewusst-

---

22 Bis 2011 haben mehr als sechs Millionen Menschen weltweit die Transzendentale Meditation erlernt.

23 Die sieben Ziele des Weltplans sind: 1. Das volle Potenzial des Einzelnen zu entwickeln. 2. Die Leistungen der Regierungen zu verbessern. 3. Das höchste Ideal der Bildung zu verwirklichen. 4. Die Probleme der Kriminalität, des Drogenmissbrauchs und allen Verhaltens, das Unglück über die Menschheit bringt, zu lösen. 5. Die intelligente Nutzung der Umwelt zu maximieren. 6. Den wirtschaftlichen Bestrebungen der Einzelnen und der Gesellschaft Erfüllung zu bringen. 7. Die spirituellen Ziele der Menschheit in dieser Generation zu erreichen.

seins und deren Autorität in der unbesiegbaren Kraft des Naturgesetzes liegt; er führte das TM-Sidhi-Programm ein und ermöglichte damit die Erfahrung sprudelnder Glückseligkeit beim Yogischen Fliegen, um höchste Geist-Körper-Koordination im Individuum und Kohärenz im Weltbewusstsein zu erzeugen. Er formulierte 1977 Maharishis Absolute Theorie der Regierung, Maharishis Absolute Theorie der Erziehung und Bildung, Maharishis Absolute Theorie der Gesundheit, Maharishis Absolute Theorie der Verteidigung, Maharishis Absolute Theorie der Wirtschaft, Maharishis Absolute Theorie des Managements und Maharishis Absolute Theorie von Recht und Ordnung, um jeden Bereich des Lebens zur Vollkommenheit zu führen. 1980 brachte er durch den »Apaurusheya Bhāshya« Licht in die Auslegung des Ṛik Veda als die sich selbst erzeugende, sich selbst erhaltende Struktur des Bewusstseins und 1981 ordnete er die uralte Vedische Literatur zur Literatur einer vollkommenen Wissenschaft und Technologie, zu Maharishis Vedischer Wissenschaft und Technologie.

1985 brachte Maharishi das volle Potenzial von Āyur-Veda, Gāndharva Veda, Dhanur-Veda, Sthapatya Veda und Jyotish ans Licht, um eine Familie von Nationen zu schaffen, die frei von Krankheiten und Problemen ist. 1988 formulierte er den Masterplan zur Erschaffung des Himmels auf Erden für die Erneuerung der ganzen Welt, der inneren und äußeren. Er brachte die Höchste Politische Wissenschaft ans Licht, um eine Automation in der Verwaltung einzuführen und eine konfliktfreie Politik und eine problemfreie Regierung in jedem Land zu schaffen und inspirierte 1992 die Gründung einer neuen politischen Partei, der Naturgesetzpartei, in vielen Ländern der Erde, um das nationale Recht durch das Naturgesetz zu bereichern und zu unterstützen. Auf diese Weise förderte er ein praxisorientiertes Verfahren zur Verwirklichung seiner Absoluten Theorie der Regierung.

1993 führte Maharishi die Globale Verwaltung durch das Naturgesetz ein – Global Raam Raj. Im letzten Quartal brachte er den Zusammenhang zwischen Struktur und Qualität des Veda und der Vedischen Literatur und der Struktur und Funktion der menschlichen Physiologie ans Licht, der die große Einheit der gesamten materiellen Vielfalt der Schöpfung, aller Wissenschaften und Religionen bewies. Das läutete den Beginn der Vedischen Zivilisation ein, einer Zivilisation, die auf reinem Wissen und der unendlichen organisierenden Kraft des Naturgesetzes gründet – einem Leben gemäß dem Naturgesetz –, in dem niemand leidet und alle die ewige Herrlichkeit Gottes genießen – den Himmel auf Erden.

1994 gründete er Maharishi Vedic Universities, Maharishi Āyur-Veda Universities und Maharishi Colleges of Vedic Medicine auf der ganzen Welt, um jedem Einzelnen Meisterschaft über das Naturgesetz und ein Leben im Einklang mit dem Naturgesetz zu ermöglichen – Vollkommenheit in jedem Berufsfeld – und in jedem Land eine auf dem Naturgesetz basierende problemfreie Regierung zu schaffen mit der Fähigkeit, Schwierigkeiten zu vermeiden. Er stellte Programme zur Vorbeugung in den Bereichen Gesundheit und Sicherheit vor, um ein landesweit gesundes Leben und einen unbesiegbaren Verteidigungsschirm für die Nation zu schaffen: die Einführung neuer vorbeugungsorientierter Programme des Maharishi Āyur-Veda – Maharishi's Vedic Medicine – für perfekte Gesundheit, und das Programm für einen militärischen Verteidigungsflügel in jedem Land, um das Entstehen von Feindschaft zu verhindern – ein kleiner

Prozentsatz der Militärangehörigen wird in der Vedischen Technologie der Verteidigung ausgebildet und erlernt die Transzendentale Meditation und das TM-Sidhi Programm einschließlich des Yogischen Fliegens.

1995 gründete Maharishi die Maharishi University of Management in den USA, in Japan, in den Niederlanden und in Russland, um die Probleme des Managements zu beseitigen und Gesundheit, Kreativität und Glück des Managements überall zu verbessern. Die Maharishi University of Management bietet praktische Programme zur Vorbeugung und Beseitigung von Problemen in der öffentlichen Verwaltung an, indem sie die Unterstützung der Naturgesetze in das nationale Recht einbringt. Die Einführung des Wissens über das Naturgesetz in allen Bereichen des Managements verwirklicht die evolutionäre Ausrichtung für jeden Bereich menschlicher Belange. Das Maharishi Corporate Development Program (Maharishi Programm zur Unternehmensentwicklung) wurde in Unternehmen in den USA, in Europa, Indien und Australien eingeführt, um Rentabilität und Vitalität in schwächelnden Branchen wiederherzustellen und die Leistungsfähigkeit erfolgreicher Organisationen zu verbessern.

1996 begann Maharishi mit der Ausbildung von Lehrern der Vedischen Wissenschaft, die fähig sind, Absolutes Wissen – die Erfahrung von Ātmā, dem Selbst, und das Verstehen dieser Erfahrung durch den Veda – zu vermitteln und so die Erfahrung des Absoluten Wissens und seiner unendlichen organisierenden Kraft im Bewusstsein und in der Physiologie eines jeden lebendig zu machen. 1997 bot Maharishi neue Prinzipien und neue Programme an, um das nationale Recht in allen Ländern mit dem nährenden Einfluss des Naturgesetzes zu bereichern.

Am 10. Juni 1998 eröffnete er Maharishi Veda Vision – den Maharishi-Kanal – als Ausdruck des natürlichen Bestrebens der Weisen durch alle Zeitalter hindurch, das Leben zu vervollkommnen und das Leiden völlig zu beseitigen, um jedem Einzelnen und jeder Nation auf der Welt die Freude des »Himmels auf Erden« zu bringen. Der Maharishi-Kanal entwickelte sich sehr schnell zu einem globalen Netzwerk mit acht Satellitenübertragungen, und am 2. August 1998 wurde die Maharishi Open University eingeweiht, die das Absolute Wissen des Naturgesetzes von der Maharishi Vedic University in Holland. dem »Land of Wholeness« in zwanzig verschiedenen Sprachen in jedes Land sendete.

Am 6. November 1998 fand im Brahma-Sthān, dem geographischen Mittelpunkt Indiens die Grundsteinlegung für das Weltzentrum für Vedisches Lernen und für Maharishi Vedic Vishwa Prashāsan Rājadhāni – der Welthauptstadt von Maharishis Globaler Verwaltung durch das Naturgesetz statt.

Im ersten Quartal des Jahres 1999 führte Maharishi in kleinen Dörfern und Städten in ganz Indien das »one Guruji system« wieder ein, das entsprechend der Tradition Vedischer Erziehung Tausenden von Schülern die Möglichkeit gibt, Absolutes Wissen zu erlangen.

Im Jahre 2000 stellte Maharishi sein Programm zur Beseitigung der Armut in der Welt durch Erschließung ungenutzter landwirtschaftlicher Flächen unter Anwendung gesunder Vedischer und ökologischer Anbauprinzipien und -methoden vor. Am 7. Oktober 2000 gründete er das Globale Land des Weltfriedens unter der Führung von Maharaja Adhiraj Rajaraam[24],

---

24 Professor Tony Nader, MD, PhD, dessen Forschung über den Veda in der menschlichen Physiologie ans Licht brachte, dass das Bewusstsein die struk-

um alle Nationen in einer friedlichen, globalen Gemeinschaft zu vereinen. Am 22. Oktober 2000 inspirierte er die Gründung der Weltföderation traditioneller Könige, um die elterliche Rolle der Führer traditioneller Kulturen in der Welt zu erwecken und den Frieden in ihren Einflussbereichen zu erhalten.

2001 wurde als Reaktion auf die Terroranschläge in den USA Maharishis weltweite Initiative für dauerhaften Weltfrieden ins Leben gerufen. Programme wurden entwickelt, um einen dauerhaften Einfluss des Weltfriedens aus einem Land – Indien – zu schaffen, indem Tausende von Vedischen Pandits Yoga und Yagya (Vedische Verfahren zur Wiederherstellung des Gleichgewichts in der Natur und zur Änderung des Laufs des Schicksals) durchführen.

2002 entwarf Maharishi die Entwicklungswährung Raam Mudra, um eine ausgewogene Weltwirtschaft zu schaffen. Er begann, der Welt das Absolute Wissen und präventionsorientierte Lösungen durch kontinuierliche wöchentliche weltweite Pressekonferenzen anzubieten, die über einen Zeitraum von sechs Jahren fortgesetzt wurden. Er führte spezielle einmonatige Konferenzen der Erleuchtung durch und startete sein globales Gesundheitsprogramm – ein computergestütztes Programm, das auf Maharishis Vedischer Medizin zur Vorbeugung, Heilung und Schaffung einer krankheitsfreien Gesellschaft basiert.

Maharishi lud alle Regierungen ein, Teil des Globalen Landes des Weltfriedens zu werden, um eine vorbeugeorientierte,

---

turierende Intelligenz und der grundlegende Inhalt aller physiologischen Strukturen in der Schöpfung ist, wurde von Maharishi geehrt, indem er ihn mit der Führungsrolle bei der Schaffung einer idealen Verwaltung für jedes Land, in der das nationale Recht durch das Naturgesetz aufrechterhalten wird und jeder Nation Unbesiegbarkeit bringt, betraut hat.

problemfreie Verwaltung zu schaffen, und bot allen Regierungen an, ihr Personal darin zu schulen, die Intelligenz und Energie des gesamten Naturgesetzes – das Licht Gottes – der Wille Gottes –, das das Universum in vollkommener Ordnung regiert, in ihre Verwaltungsrichtlinien und -programme einzubeziehen.

Um sicherzustellen, dass das langersehnte Ziel der Menschheit – dauerhafter Weltfrieden – erreicht wird, rief Maharishi 2003 und 2004 in Indien ein Programm zum Aufbau der größten Gruppe Vedischer Pandits ins Leben, die durch die Rezitation des Veda und Programme des Vedischen Yagya »alle Werte von Raum und Zeit mit Harmonie und der Ausgewogenheit höherer Intelligenz durchdringen«. Er startete auch eine globale Initiative zum Bau von Friedenspalästen in den 3.000 größten Städten der Welt, »um das Wissen zu bewahren, das sich als das vollständige Wissen über die Natur des Menschen erwiesen hat«.

Maharishis bewusstseinsbasierte Bildung erhielt weltweite Anerkennung für ihre tiefgreifenden Vorteile für das Wohlergehen der Schüler. Maharishi sprach auf Bildungskonferenzen in Los Angeles, New York und Washington D.C. und erklärte, dass »die Transzendentale Meditation ein natürlicher Weg ist, das Einheitliche Feld zu ergründen und das ganze Gehirn zu entwickeln, um in jedem Gedanken, jeder Aussage und jeder Handlung hervorragende Leistungen im persönlichen und beruflichen Leben jedes Einzelnen zu fördern.«

2004 setzte Maharishi das Parlament des Weltfriedens ein, um ein Verwaltungssystem darzustellen, das die Unterschiede harmonisiert, die die Beziehungen zwischen den Nationen dominieren, und um alle Verwaltungssysteme auf die höchste Ebene zu bringen – den Willen Gottes – der im Ātmā, dem

Selbst, eines jeden Menschen vorhanden ist. Maharishi begann, Raam Raj Administratoren auszubilden, um die Gesellschaft für alle kommenden Zeiten von der Ebene der Erleuchtung aus zu verwalten.

2005 läutete Maharishi den Beginn des Sat-Yuga ein, den Beginn der Zivilisation, die auf reinem Wissen und unendlicher organisierender Kraft des Naturgesetzes basiert, in der niemand leiden wird; alle werden die ewige Herrlichkeit Gottes genießen – den Himmel auf Erden. Er brachte die ersten beiden Raam Raj Administrator Ausbildungskurse zum Abschluss, deren Absolventen, die Raam Raj Administratoren, die Menschheit durch die stille Verwaltung des vollständigen Wissens und Handelns führen. Er inspirierte Bauherren auf allen Kontinenten, die Welt nach den Prinzipien Vedischer Architektur neu zu erbauen – Stadt- und Landplanung im Einklang mit dem Naturgesetz (www.global-reconstruction.org). Die Maharishi Universität des Weltfriedens mit Sitz in Genf wurde gegründet, um das vollständige Wissen des Naturgesetzes allen Menschen zugänglich zu machen und dauerhaften Frieden zu schaffen.

Maharishi begann, ganze Nationen zur Unbesiegbarkeit zu erheben und öffnete das Tor für die Umgestaltung der ganzen Welt: »Umgestaltung der physischen Welt, Umgestaltung der geistigen Welt, Umgestaltung der intellektuellen Welt –, um sie auf die höchste Ebene des spirituellen Wertes des Lebens zu erheben, der ewigen Glückseligkeit.« – Maharishi

Vom 5. Februar bis 23. März 2006 versammelte sich am Brahma-Sthān, dem geographisches Zentrum Indiens und in der Maharishi European Research University (MERU), Holland, Maharishis Parlament des Weltfriedens zu zwölf Sitzungen und 144 Präsentationen, die weltweit übertragen wurden.

Der Schwerpunkt dieser Zusammenkünfte lag auf der nationalen Unbesiegbarkeit im Hinblick auf die zwölf Disziplinen von Maharishis Vedischer Wissenschaft, der Wissenschaft des Bewusstseins.

Maharishi etablierte dauerhaft die Invincible America Assembly (Versammlung „Unbesiegbares Amerika") mit mehr als 2.000 Teilnehmern – Experten des Yogischen Fliegens, darunter mehr als 1.000 Vedische Pandits aus Indien – und startete eine neue Initiative zur Einrichtung von „Unbesiegbarkeits-Schulen" auf der ganzen Welt, in denen die Schüler vor dem Morgen- und nach dem Nachmittagsunterricht das Yogische Fliegen praktizieren, um einen hohen Grad an Harmonie und Integration im kollektiven Bewusstsein des Landes aufrechtzuerhalten.

Maharishi begleitete die Entwicklung des Lehrplans für Vedische Medizin als Grundlage für vollkommene Gesundheit der Zivilisation. Kernpunkt der Maharishi Vedischen Medizin ist, dass die Erfahrung des Ātmā – des stillen Feldes des Selbst – das Gleichgewicht der gesamten Physiologie wiederherstellt.

2007 formulierte Maharishi ein Sieben-Punkte-Programm, um jede Nation mit Unbesiegbarkeit zu krönen:

1. Etablierung großer Gruppen Vedischer Pandits und Yogischer Flieger in jedem Land.

2. Schaffung einer präventionsorientierten und problemfreien Verwaltung.

3. Errichtung von Hochschulen für Vedische Medizin in jedem Land, um eine krankheitsfreie Gesellschaft zu schaffen.

4. Errichtung von Universitäten, Hochschulen und Schulen, die vollständiges Wissen des Naturgesetzes vermitteln.

5. Erzeugung gesunder Nahrungsmittel durch Vedisch-biologische Landwirtschaft für ein glückliches Leben.

6. Gestaltung der Städte und Länder nach den Prinzipien von Maharishis Vedischer Architektur im Einklang mit dem Naturgesetz.

7. Beseitigung der Armut in der Welt.

Nachdem Maharishi den Lehren von Sri Guru Dev[25] seit mehr als 50 Jahren vollkommen gerecht geworden war, was die Unbesiegbarkeit aller Nationen sicherte, führte er die Verwaltung durch Stille ein, die das Schicksal der Welt für immer durch die auf vollständigem Wissen basierenden Prinzipien der Tradition Vedischer Meister begleiten wird.

Am 12. Januar 2008 läutete Maharishi das Jahr der Unbesiegbarkeit ein – Global Raam Raj – und feierte 50 Jahre Erfolg seiner weltweiten Bewegung, die bis heute in mehr als 100 Ländern aktiv ist.

Maharishis globaler Plan für die spirituelle Erneuerung der gesamten Menschheit ist der größte Glücksfall aller Zeiten für die Welt. Er bringt Tag für Tag den zunehmenden Sonnenschein des Sat-Yuga. Maharishi hat Millionen von Menschen das Geschenk der Erleuchtung gemacht und hat Tausende darin ausgebildet, dieses helle Licht des vollständigen Wissens auch für kommende Generationen leuchten zu lassen. Maharishis Geschenk an die Welt, an die ganze Menschheit, ist das immerwährende Licht des vollständigen Wissens, das in jedem Herzen und Heim voll erwacht ist. Maharishis Errungenschaften werden sich weiter entfalten, und durch die Gnade von Guru Dev werden wir weiterhin jedes Jahr, Jahr für Jahr und

---

25 Maharishis Lehrer, Brahmananda Saraswati, Jagadguru Shankaracharya von Jyotir Math, Badrikashram, Himalaya, ist die verehrte Verkörperung der Vedischen Weisheit in der großen Tradition der Vedischen Meister, die das ewige Wissen von der Integration des Lebens seit alters her von Lehrer zu Schüler weitergegeben haben.

Generation für Generation, Maharishis Errungenschaften feiern, während die sich kontinuierlich entwickelnden Strömungen der Zeit den vollen Sonnenschein des Himmels auf Erden – Raam Raj – hervorbringen.

Jai Guru Dev

Besuchen Sie »Maharishi in the World Today«
https://maharishi-programmes.globalgoodnews.com/
achievements/Maharishi.html

Kontakt Deutschland: https://meditation.de
tm@meditation.de
Kostenloses Info-Telefon: +49 800 624274744

Kontakt Österreich: https://meditation.at
info@meditation.at
T: +43 1-5134352 M: 0650 23 122 32

Kontakt Schweiz: https://schweiz.tm.org
info@maharishi.ch
+41 55 410 43 32